为什么精英这样用脑

不会累

[日] 桦泽紫苑◎著　郭勇◎译

湖南文艺出版社　博集天卷

图书在版编目（CIP）数据

为什么精英这样用脑不会累 /（日）桦泽紫苑著；
郭勇译. – 长沙：湖南文艺出版社, 2018.7
　ISBN 978-7-5404-8637-2

　Ⅰ.①为… Ⅱ.①桦… ②郭… Ⅲ.①成功心理－通
俗读物 Ⅳ.①B848.4-49

中国版本图书馆 CIP 数据核字（2018）第 068593 号

著作权合同登记号：图字18-2017-130

Original Japanese title: NOU WO SAITEKIKA SUREBA NOURYOKU WA 2 BAI NI NARU
Copyright © 2016 by KABASAWA Shion
Original Japanese edition published by Bunkyosha Co., Ltd.
Simplified Chinese translation rights arranged with Bunkyosha Co., Ltd.
through The English Agency (Japan) Ltd. and Eric Yang Agency

上架建议：商业·成功励志

WEI SHENME JINGYING ZHEYANG YONG NAO BU HUI LEI
为什么精英这样用脑不会累

作　　　者：[日]桦泽紫苑
译　　　者：郭　勇
出 版 人：曾赛丰
责任编辑：薛　健　刘诗哲
监　　制：蔡明菲　邢越超
策划编辑：李彩萍
特约编辑：汪　璐
版权支持：闫　雪　孙宇航
营销编辑：张锦涵　傅婷婷
封面设计：刘红刚
版式设计：李　洁
出版发行：湖南文艺出版社
　　　　　（长沙市雨花区东二环一段 508 号　邮编：410014）
网　　址：www.hnwy.net
印　　刷：三河市中晟雅豪印务有限公司
经　　销：新华书店
开　　本：880mm×1270mm　1/32
字　　数：180 千字
印　　张：8.5
版　　次：2018 年 7 月第 1 版
印　　次：2018 年 7 月第 1 次印刷
书　　号：ISBN 978-7-5404-8637-2
定　　价：45.00 元

若有质量问题，请致电质量监督电话：010-59096394
团购电话：010-59320018

目 录

Contents

为 什 么 精 英 这 样 用 脑 不 会 累

目 录
Contents

2

第三章
Chapter 3

肾上腺素工作术 —————— 101
把"愤怒"和"兴奋"变成朋友!

第四章　血清素工作术 ————————————— 135
Chapter 4
利用"治愈物质"提高上午的工作效率、转换心情

第五章
Chapter 5

褪黑激素工作术
"睡眠物质"将身心彻底修复

目 录
Contents

8

第六章
Chapter 6

乙酰胆碱工作术 ⸺ 201
提高"认知能力"、促使"灵感闪现"的方法

第七章
Chapter 7

内啡肽工作术 ──────────── 229

把"脑内毒品"当作助手的终极工作术

1. 在"极限状态"下获得力量 230

目 录
Contents

10

后 记
Afterword

序 章

您的大脑决定
您的工作方式

Your brain decides how to work.

1. 如果能够开发十二分的大脑机能，您的工作将会大有改观

● 以"科学的根据"改变每天的工作 ●

经常有人问我如下问题。

"我怎样才能调动起自己的工作积极性呢？"

"怎样才能让我的注意力更集中一些呢？"

诚然，积极性、注意力都是日常工作中不可或缺的重要因素。相信很多商务人士都想"拥有高度的工作积极性，热火朝天地投入工作"，"注意力高度集中，一下子就把所有工作高效率地做完"。

在书店里，您可以买到很多讲述如何激发工作积极性、提高专注力的商务工作指导书。

但是有客观根据的，或者能够普遍应用的不多，大多是作者把自己的成功经验总结出来分享给读者，而这些往往是个例，不一定适合每一个人。也有一些这样的书仅仅停留在理论层面，基本上不具备可

操作性。

近年来，随着脑科学的发展，我们对人类大脑机能的了解也越来越多。

| 动机 | 专注力 | 学习能力 | 记忆力 | 想象力 | 工作效率 |

人类的这些能力都与大脑的哪些部位有关？要想提高我们的这些能力，又该对大脑做些什么？如今飞速发展的脑科学已经给我们提供了答案。

我作为一名神经科医生，一直工作在为患者进行诊治的最前线，从事脑科学研究已有15年的历史。我曾在美国伊利诺伊大学芝加哥分校留学三年，并对血清素、多巴胺、GABA（Gamma-AminoButyric Acid，即 γ-氨基丁酸），以及抑郁症患者、有自杀倾向者的脑内变化进行过调查。

那段时间，我阅读了大量的相关专业书和论文，掌握了很多最前沿的脑科学知识。

不过，我所进行的生化学、分子级别的研究，见到些眉目至少得需要若干年的时间，总让人感觉是一项遥不可及的工作。

在每天埋头于医学实验的过程中，我渐渐产生了一个想法："有没有办法将这些关于脑内物质的知识，更加快速地应用于人们的现实工作、日常生活呢？"

比如，多巴胺具有激发积极性的作用。

再比如，血清素与人的意欲、心情息息相关。

在脑科学上，这些脑内物质的作用已经得到了证明，而且是通过对人体和动物进行的研究与实验得到的验证。

于是我就想，如果让普通的商务人士、上班族也了解这些脑内物质的基本作用，能不能帮助他们大幅提高工作效率、改变工作状况呢？

为此，我想以科学的根据为基础，把具体的工作方法分享给读者朋友们，帮助他们提高工作能力。我想让原本辛苦的工作变得轻松愉快，以更加快乐的方式激发出人们大脑的潜力，从而提高工作效率，减轻工作造成的心理压力、身体负担。

基于这样的出发点，我便编写了这本《为什么精英这样用脑不会累》。

• 只有神经科医生才能写出"独一无二"的工作方法书 •

现有的关于工作方法的书籍中，很少有涉及脑科学的。

在书店里，我们常见的工作方法指导书大多冠以《一鼓作气完成工作》《努力到最后一刻》《乘胜追击，不给明天留任务》等名字。从书名我们也可以看出，这些书大多是从精神的层面激发人的干劲，具体方法则涉及不多。

实际上，如果我们带着"心不甘情不愿"的情绪工作，人体就会分泌"去甲肾上腺素"，从而使人脑进入一种无意识地回避不愉快感的状态。即使我们用坚强的意志来克服工作所带来的不愉快感，也只能造成工作效率低下的结果。

不仅如此，怀着不愉快的情绪连续工作几个月时间，还会给人带来极大的精神压力，从而损害人的身心健康。可见，用这种方式强制自己不开心地工作，不仅难以做出成绩，还会给健康带来伤害。

与人脑机能背道而驰的工作方法，就像开车时拉着手刹踩油门，虽然汽车在前进，但前进得很吃力，还会损坏汽车，真可谓百害而无一利。

也正因为如此，我才想开发一套顺应人脑机能的正向工作方法。

如果能够促进人脑自然分泌多巴胺，就能激发人的积极性，提高工作效率、学习效率只是必然结果，甚至还能提高人的记忆力。

也就是说，只要人们对自己的生活习惯和工作方式稍加改变，就可以大幅提升能力，让工作的效率和质量都有明显的改善。

这种神奇的作用不仅限于多巴胺，各种脑内物质都有各自的效果。所以，只要按照我的"脑内物质工作术"做，您就可以最大限度地提高工作能力和效率，同时把工作造成的精神压力控制在最小的范围内。而且，顺应人脑机能进行工作，根本不用加班加点、拼死累活，更不可能因工作患上可怕的抑郁症。

如果大家都能开心愉快地工作，我这个神经科医生就会感到无比欣慰。与大家分享顺应人脑机能的工作方法，让大家都在身心健康的状态下工作，正是我编写这本书的初衷和最终目标。

● 不同的"脑内物质"有不同的作用和使用方法 ●

介绍脑内物质的书，在市面上也有很多。比如，关于多巴胺的有茂木健一郎先生所著的《大脑活用学习法》（PHP 文库），讲述血清素作用的有有田秀穗先生编写的《消除压力，从大脑开始》（Sunmark 出版社）等。

上述名作虽然都是讲述脑内物质与工作、学习、生活之间的关系的书，但都局限于某一种脑内物质。综合性介绍各种脑内物质，并把脑内物质的作用与工作方法结合起来，指导商务人士将脑内物质的作用应用于实际，取得立竿见影效果的书还非常罕见。

而我编写的这本书，是从"脑内物质"的视角出发，综述人脑的构造与机能，进而与商务人士分享丰富的"即效性能力提高的知识和方法"。

人脑的工作原理和过程是异常复杂的。在书中，我尽量把这部分知识讲得简单化、通俗化。我会以日常工作生活中的具体案例为依托，以浅显易懂的表达方式为读者朋友讲述深奥的脑科学知识。另外，为了便于大家理解，我还会在讲解过程中使用到模式图。

也许有专家看到我这本书后，会指责我的讲述"过于简单"或"说明不够充分"。但是，这毕竟不是一本关于脑科学的"学术性著作"，而是面向一般商务人士的"工作方法指导书"，所以通俗易懂、实用有效才是更为重要的。

我真心希望拿到这本书的读者朋友能够把它读完，相信此书一定能让您学到充分发挥人脑机能的方法，借此让您的工作效率和工作质量实现飞跃性的提升！

2. 鲜为人知的"脑内物质基础知识"

● 人类的感情是脑内物质制造出来的 ●

在我们人类的脑中，存在着数百亿个神经细胞（又称神经元），这么多的神经细胞组成了一个十分复杂的网络系统。

很多人喜欢把人脑中的神经系统比喻成电路，认为神经细胞和电路一样，彼此之间是完全连接在一起的，但实际情况并非如此。神经细胞与神经细胞之间并没有实质性的连接，它们之间的联系仅是相互接触。神经细胞都有"突触"，它们就是靠突触的接触进行联系的，突触与突触之间，存在微小的间隙。

神经细胞的突触前膜分泌"神经递质"，而相应的突触后膜上有"受体"，受体是接收神经递质的部位。

也就是说，神经细胞之间是通过神经递质与受体来传递刺激的。

在这里我突然抛出一个"神经递质"的专业术语，恐怕有些读者朋友不太好理解。为了便于大家的理解，在这本书中，我把神经递质

神经细胞的突触与神经递质

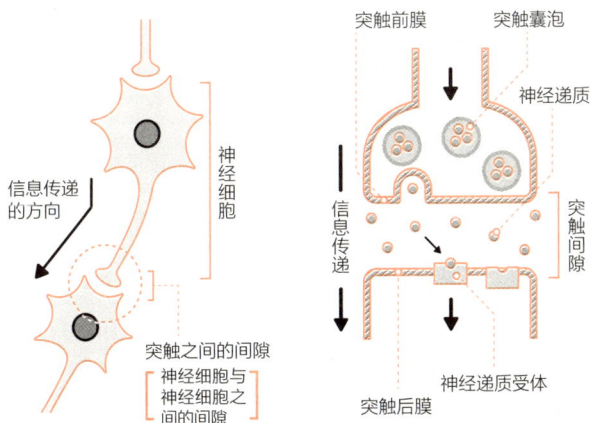

通俗地称为"脑内物质"，而"脑内物质"并不是学术用语，望大家理解。

什么样的神经细胞以什么样的方式分泌哪种脑内物质，将决定神经网络的连接方式。因此，当您深入了解了脑内物质的相关知识，以及不同脑内物质各自的作用后，您就可以控制自己的感情，改变自己的情绪了。

现在的脑科学已经查明，人类的脑内物质种类繁多，目前已知的就有50种以上。

其中，在人脑中发挥着特别重要的作用，而且已经被科学家深入研究的脑内物质是本书主要介绍的对象。

具体讲，本书将着重介绍以下七种脑内物质。

- 多巴胺
- 去甲肾上腺素
- 肾上腺素
- 血清素
- 褪黑激素
- 乙酰胆碱
- 内啡肽

您可不要小瞧这些脑内物质，它们可以改变您的情感、对人对事的态度，乃至整个人生。真是神奇的化学物质！

● 《新世纪福音战士》与七种脑内物质 ●

在为您介绍利用各种脑内物质提高工作积极性、工作效率的方法之前，我想先为您简单介绍一下各种脑内物质的作用。如果能对各种脑内物质的差别有所了解的话，这本书读起来会更轻松一些。

可是，想要把脑内物质简单地为大家讲清楚，绝对是说起来容易做起来难。经过反复思考，我想到了一个好办法，我把各种脑内物质与著名的动漫角色相匹配，用这些特色鲜明的角色来帮您理解各种脑内物质的差别。

在这里我借用了曾经风靡一时的著名动画片——《新世纪福音战士》。

《新世纪福音战士》当年热映的时候，不仅受到了很多青少年的喜爱，也俘获了众多成年人的心，可谓是一部老少咸宜的经典之作。后来，《新世纪福音战士》不仅制作了电影版，还被改编成了游戏。

《新世纪福音战士》的主人公名叫碇真嗣，碇真嗣有句著名的台词："不能逃避。"

碇真嗣每次驾驶着名为 EVA 的战斗机器人与神秘的敌人"使徒"对战的时候，都会被恐惧支配，产生"想逃跑"的冲动。

这种情况下，碇真嗣脑中分泌的脑内物质就是去甲肾上腺素。

去甲肾上腺素也叫"战斗或逃跑激素"。当人身陷危机，必须在战斗和逃跑之间做出选择的时候，就会分泌去甲肾上腺素。

如果人在较长时期里不停地分泌去甲肾上腺素的话，就容易患上抑郁症。

在《新世纪福音战士》动画片的后半部分中，碇真嗣一直烦恼不已，他不知道自己该不该结束战斗生涯，放弃当战斗机器人的驾驶员。他对自己的不中用深感自责，情绪极度消沉，基本上陷入了抑郁的状态。

此时碇真嗣的抑郁状态，可以说就是长期分泌去甲肾上腺素造成的。

碇真嗣性格内向、缺乏自信，给人一种阴郁的印象。在动画片中，也有跟碇真嗣性格正好相反的角色，那就是惣流·明日香·兰格雷。这个女孩子总是以积极的心态面对任何问题，行动起来活力十足。可以说，惣流·明日香·兰格雷就是象征多巴胺的典型人物。

多巴胺是积极性的源泉。我可以断定，总是积极向上的惣流·明日香·兰格雷，脑内肯定分泌了大量的多巴胺。

当人确定了更高的、难度更大的目标时，就会分泌多巴胺。

越是面临困难的处境，就越有斗志，惣流·明日香·兰格雷的这种性格，正好和多巴胺的作用一致。

动画片中另一位重要角色是绫波丽，她一向沉着冷静、少言寡语。在与使徒的战斗中，总能保持一颗平常心，即使在生命受到威胁的危急时刻，她依然镇定自若。

绫波丽内心这种十分稳定的状态，正是血清素发挥作用的表现。

人脑中血清素分泌旺盛的时候，人的内心和情绪就会非常稳定，有点类似僧侣坐禅时的状态。血清素可以帮助我们控制激动的情绪，让内心平静下来。

绫波丽这个角色不善于表达自己的感情，喜怒不形于色，我觉得她是有点血清素分泌过剩了。总之，她安静的性格正是血清素的典型代表。

勇猛、果断的作战部长葛城美里，虽然是女性，但总是提出大胆且带有攻击性的作战方案，而且精力旺盛。动画片中出现人类与使徒对战的场景时，我们总能看到她勇敢而兴奋的表情。此时的她，体内一定充满了肾上腺素。

可以说肾上腺素是一种"战斗激素"。

当人面临战斗或身处战斗之中时，体内肾上腺素水平就会飙升。

指挥碇真嗣和绫波丽驾驶的战斗机器人进行战斗的时候，葛城美里就是一副"战斗女神"的模样。她就是肾上腺素的代表。

战斗机器人的开发负责人——科学家赤木律子，理性、冷静、现实，给人的感觉非常酷。在对战斗机器人进行分析、改良的时候，她的分析独到，想法天马行空，这方面的想象力无人能及。而且，她还有冷静地将工作进行到底的超强专注力。

负责想象力和专注力的脑内物质是乙酰胆碱。赤木律子这个角色和乙酰胆碱的作用非常契合。

另外，乙酰胆碱还是使全身内脏器官变平静的"副交感神经"的神经递质。交感神经（肾上腺素）与副交感神经（乙酰胆碱）的关系，就类似于动画片中行动派葛城美里与冷静派赤木律子之间的关系。

在动画片的后半部出现了一个满身是谜的角色——渚薰。他的真实身份其实是"最后的使徒"，他拥有人类的外表和使徒的全部能力，同时也充满了自信。

僧侣们通过艰苦的修行，最终达到"大彻大悟"境界的时候，脑内会分泌内啡肽，而渚薰那种超越了人类智慧的状态，就好似内啡肽分泌的结果。

本书中重点介绍的七种脑内物质已经有六种在动画片《新世纪福音战士》中找到了对应的角色。还剩一种脑内物质——褪黑激素。

褪黑激素被称为"睡眠物质"，体内褪黑激素浓度增高时，人就会产生睡意，很容易入眠。喜欢睡觉的角色，一开始我在《新世纪福音战士》中并没有找到，但经过反复梳理，我还真找到一位爱睡觉的家伙。

主角碇真嗣有一位同学叫铃原冬二，他平时总是一身运动装打扮，

脑内物质概略

	一言概括	相关的感情、情绪	其他相关关键词
多巴胺	幸福物质	幸福、快感	奖赏系统、学习思维
去甲肾上腺素	战斗还是逃跑	恐惧、不安、集中	精神压力反应、工作记忆、工作思维、交感神经
肾上腺素	兴奋物质	兴奋、愤怒	交感神经（白天的神经）
血清素	治愈物质	冷静、平常心	内心的安定、通感
褪黑激素	睡眠物质	睡眠	恢复物质、抗老化
乙酰胆碱	记忆与学习	灵感闪现	副交感神经（夜晚的神经）、尼古丁、θ 波（四种脑电波之一）
内啡肽	脑内毒品	幸福感、恍惚感	α 波（四种脑电波之一）

一看就是一个爱运动的阳光少年。

可是，铃原冬二在上课的时候总爱打盹。估计这就是褪黑激素分泌过多造成的吧（笑）。顺便介绍一句，后来他成了三号战斗机器人的驾驶员。

现在，七种主要的脑内物质就都已用《新世纪福音战士》中的角色解说了。看过这部动画片的读者朋友，应该对这七种脑内物质大体有个概念了吧。

如果从学术角度讲解，脑内物质的概念并不是那么容易理解，但有了生活中的参照物，就简单多了。

● 任何一种脑内物质多了都不行，重要的是"平衡" ●

各种脑内物质之间有一个最为重要的原则，那就是"平衡"。

举例来说，多巴胺、去甲肾上腺素和血清素这三种脑内物质担负着人脑主要机能的运转。多巴胺追求"快感"，去甲肾上腺素回避"不快"，血清素则负责调整上述两种脑内物质。

脑内物质的平衡

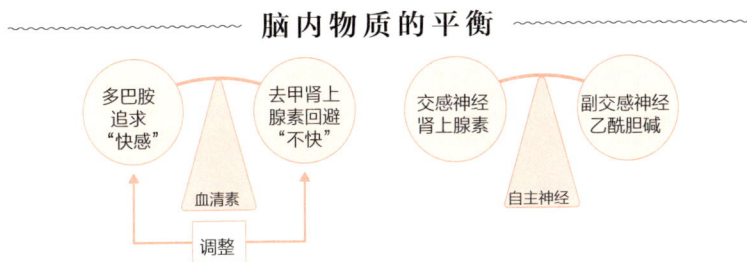

多巴胺
追求
"快感"

去甲肾上
腺素回避
"不快"

血清素

调整

交感神经
肾上腺素

副交感神经
乙酰胆碱

自主神经

当多巴胺分泌过剩的时候，血清素就会站出来抑制多巴胺的分泌。另外，血清素也会控制去甲肾上腺素的分泌。血清素就像一个"支点"，负责调节多巴胺和去甲肾上腺素的平衡。

换句话说，脑内物质自身也是具有能动性的，在一定程度上它们会自己维持内部的平衡。如果它们之间的平衡因为某种原因被打破的话，人脑就无法正常运转了。

当多巴胺的分泌出现紊乱，人自身无法控制它的分泌时，就可能患上各种"依赖症"。酒精依赖症、兴奋剂依赖症，都是大家比较熟悉的依赖症。近年来，赌博依赖症、购物依赖症的患者也在不断增加。

人体的多巴胺分泌出现了问题，是产生依赖症的内部原因。

　　另外，如果多巴胺分泌过剩的话，人还会产生幻觉。精神分裂症患者出现幻觉的状态，就可能是多巴胺分泌过剩造成的。由此可见，虽说多巴胺是人的积极性之源，但如果它分泌过多的话，也会给人带来不好的影响。

　　反过来，如果人体无法生成多巴胺，身体处于多巴胺不足的状态，那便是"帕金森病"。多巴胺不足，会影响人体的运动机能，出现"手臂颤抖""无法正常行走"等症状。某种脑内物质分泌过剩或者不足，都会导致身体出现疾病。

　　在这里我要再次强调一遍，脑内物质的平衡至关重要。

　　如下图中所示，多巴胺、血清素、去甲肾上腺素三种脑内物质处于平衡状态时，人脑才能发挥出最高机能。

多巴胺·血清素·去甲肾上腺素的作用

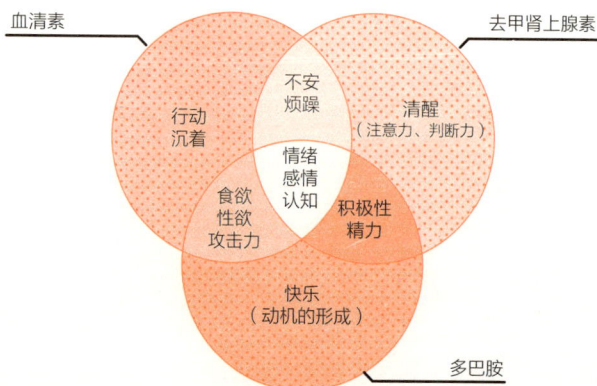

血清素
去甲肾上腺素
不安
烦躁
清醒
（注意力、判断力）
行动
沉着
情绪
感情
认知
食欲
性欲
攻击力
积极性
精力
快乐
（动机的形成）
多巴胺

现代社会，很多人的脑内物质都处于不平衡的状态。

工作造成的精神压力、不规律的生活、睡眠不足、偏食挑食……这一切都在侵蚀大脑的健康，破坏脑内物质的平衡。极端的情况下，就会发展成各种各样的精神疾病。

在接下来的篇章中我就将为大家讲解"工作方法"和"正确的生活习惯"，但不管是工作方法还是生活习惯，都绝不能只盯着某一种脑内物质。大家应该尽量努力将自己的脑内物质调节到平衡状态，这样才能实现理想的工作、生活状态。

最后，您的身体和心理都会变得越来越健康，发挥出 100% 或者更高的潜能！

多巴胺工作术

自由控制"幸福物质"，大幅提高积极性！

Business skills using Dopamine

1. 多巴胺获得"奖赏"，人就有"干劲"

● 幸福，存在于我们的大脑中 ●

比利时作家的著名童话《青鸟》想必很多朋友都读过。

主人公蒂蒂尔和米蒂尔是一对兄妹，他们在梦中去了过去和未来之国寻找象征幸福的"青鸟"，经历了一段奇妙的旅行，但结果并没有找到青鸟。两个人回家后才发现，自家养的鸽子，正是那象征幸福的青鸟。

这个童话故事告诉我们，其实幸福就在我们身边。或者说，也许我们已经身处幸福之中，只是自己还没有意识到而已。

说到这里，我想问一句，您的幸福在哪里呢?

从脑科学的角度出发，我可以说："幸福就在您的大脑中!"

幸福，不是从什么人那里获得的，也不是从什么地方获得的。我们的大脑中存在着一种可以制造幸福的物质，那便是多巴胺。当大脑分泌多巴胺的时候，我们就会感觉到幸福。

"多巴胺＝幸福"，这绝不是痴人说梦。

再进一步的话，我们可以得到"获得幸福的方法＝分泌多巴胺的方法"。从这个角度看，多巴胺简直就是一种"幸福物质"。

当人实现目标的时候，体内就会分泌多巴胺。攻克工作上的难关，获得成就感的时候，人也会分泌多巴胺。那种时刻，人是无比幸福的，相信您可能也有过类似的体验。

实际上，当人在制订目标或计划的时候，体内就已经开始分泌多巴胺了。在制订新目标或计划的过程中，人总会充满希望，迫不及待地想去为了目标而努力奋斗。这个时候人的积极性是很高的，其实这就是多巴胺在起作用。也有一些朋友无论做什么事情都提不起兴趣，整天为缺乏积极性和热情而烦恼，这样的朋友，我建议您尝试一下接下来我要介绍的促进多巴胺分泌的方法。

● "A10 神经"与多巴胺存在意想不到的联系 ●

多巴胺的制造和分泌主要来自 A10 神经。A10 神经是位于中脑腹侧被盖区的神经核。在动画片《新世纪福音战士》中，战斗机器人与驾驶员之间就是通过 A10 神经进行神经连接的。

在中脑腹侧被盖区，主要有两条多巴胺流动的线路，一条是向大脑边缘系统投射（有神经连接）的"中脑－边缘系统"，一条是向前额叶或侧额叶投射的"中脑－皮质系统"。多巴胺通过"轴索"被投射到各个部位，并从轴索末端的突触被释放出来，发挥着各种各样的作用。

举例来说，多巴胺和前额叶的"工作记忆"机能有着很深的联系。

多巴胺的主要功能

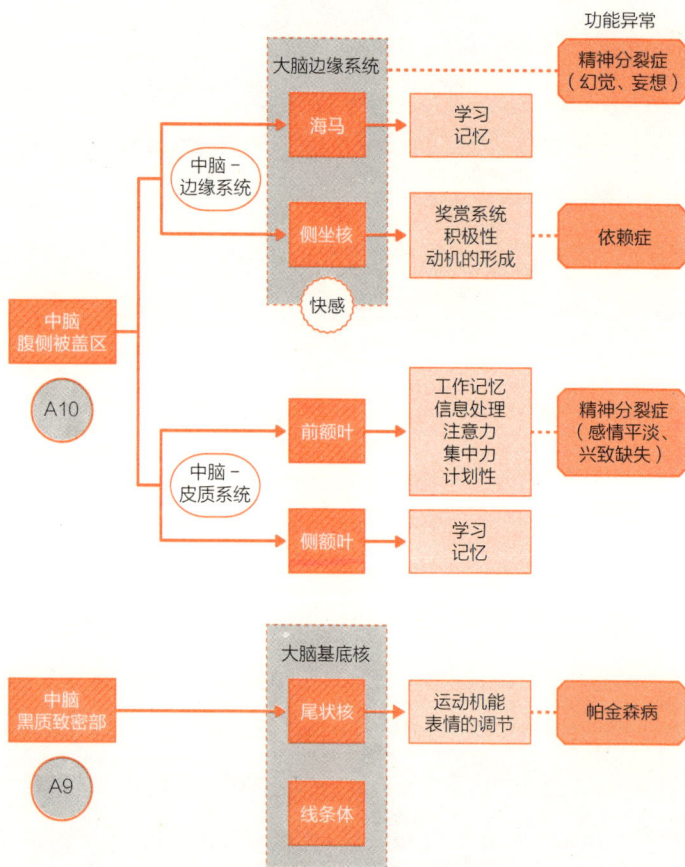

功能异常

- 大脑边缘系统
  - 中脑－边缘系统
    - 海马 → 学习记忆
    - 精神分裂症（幻觉、妄想）
    - 侧坐核 → 奖赏系统 积极性 动机的形成 → 依赖症
  - 快感
- 中脑 腹侧被盖区 A10
  - 中脑－皮质系统
    - 前额叶 → 工作记忆 信息处理 注意力 集中力 计划性 → 精神分裂症（感情平淡、兴致缺失）
    - 侧额叶 → 学习记忆
- 中脑 黑质致密部 A9
  - 大脑基底核
    - 尾状核 → 运动机能 表情的调节 → 帕金森病
    - 线条体

注：为了便于读者朋友理解，上图将实际的神经系统和脑功能进行了简化

因此，多巴胺的分泌对人处理信息的能力、注意力、集中力、计划性等都有深远的影响。

海马、侧额叶，担负着学习、记忆等机能。在多巴胺充分分泌的情况下，人的学习能力和记忆力就会特别好。

当人的欲望得到满足的时候，或者预知即将得到满足的时候，从A10神经延伸出来的神经系统就会活跃起来，给人带来喜悦和快感作为奖赏，所以这个系统也叫作"奖赏系统"。在整个奖赏系统中，肩负最重要作用的是位于大脑边缘系统的"侧坐核"部位。

侧坐核受到刺激后，立即分泌出多巴胺，使人产生快感（笑）。快感和人的行动直接相关，所以人为了获得更多、更大的快感，就会更加努力地采取行动，这便产生了更加努力的动机。这种不停升级的循环，就是"奖赏循环"。

由此可见，多巴胺与人的学习、行动动机的形成、适应周围环境有着密切的关系。"更多的快感＝更多的多巴胺"，所以人才会不断追求更高的目标。

解释了这么多，不知道您明白了多少？前面的讲解专业性很强，也许不便于您的理解。

不管怎样，更重要的是接下来要讲的内容，多巴胺到底是怎样工作的，它究竟能给我们带来怎样的影响。

在现实中，如果您能按照我即将教您的方法一边促进多巴胺的分泌一边进行工作，那工作一定会取得飞跃性的进展。

● 让多巴胺的"奖赏循环"顺畅运行 ●

当侧坐核兴奋的时候，人的干劲、积极性就会提高。而奖赏刺激是让侧坐核的神经元兴奋起来的重要方法。

人开心的时候、工作取得成绩的时候、被人表扬的时候、感受到别人的爱的时候……这些精神上的奖赏都会刺激侧坐核的神经元，使其兴奋起来。

在现实工作中，如果我们得不到充分的物质报酬，就提不起精神来干活。同样的道理，我们的大脑得不到充分的精神奖赏，多巴胺也不会愿意卖命工作。

为了让大脑鼓足干劲，我们要有意识地给它足够的精神奖赏作为刺激。

精神奖赏和多巴胺分泌的关系，如下页图中所示，呈一种环形循环，行动和快感是连接在一起的。执行特定的行动，我们的大脑就会认识到"原来这样做可以获得快感"。于是，为了再次获得快感，大脑就会指挥我们执行同样的行动。

而且，在采取第二次行动的时候，为了获得比第一次更大的快感，我们还会更加努力地行动。结果，我们就获得了更大的快感。下一次，我们为了获得再大一些的快感，当然也会付出再多一些的努力。

就这样，"为了获得更大快感而更加努力"成了奖赏循环不断重复、升级的原动力。在这个循环过程中，我们学到了很多东西，自然也促进了自己的成长。

多巴胺与奖赏系统

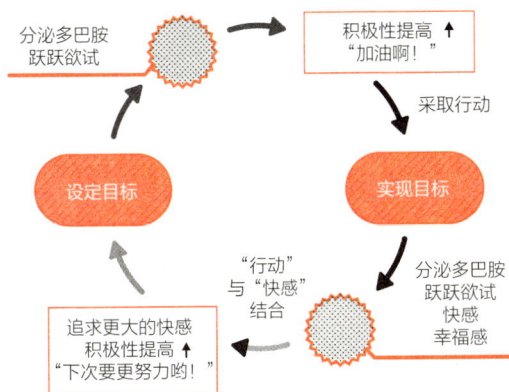

这一系列的循环，也叫作"强化学习"。

多巴胺系统造就的强化学习，是使我们保持积极性，让我们不断挑战更高的目标、不断成长、进化所必不可少的脑内系统。

如今，我们人类的科学技术已经取得了很高的成就，但我们并不满足于此，还在追求更加先进的技术，这也归功于多巴胺和奖赏循环。

可是，在日常生活中我们具体该怎么做才能促进多巴胺的分泌呢？下面我就分七个步骤给您详细解答这个问题。

2. 促进多巴胺分泌的"七个步骤"

● 第一步　设定明确的"目标" ●

通常情况下，当脑内分泌多巴胺的时候，人会感到十分兴奋、跃跃欲试。您可以在生活中多留意自己出现这种状态的瞬间，这个时候，多半脑内正在分泌多巴胺。

以买彩票为例，在整个买彩票的过程中，人兴奋的瞬间会出现两次。第一次是"购买彩票"的时候，第二次是"中奖"的时候。

实际上，从决定买彩票的那一瞬间开始，人就兴奋了，因为对中奖充满了期待。这种情况，科学家通过动物实验也得到了证明。

科学家在实验小白鼠的笼子中装了一个"灯亮起就会出糖水"的装置。

经过反复多次实验，小白鼠学习到了一亮灯就能喝到糖水的经验。科学家分别测定了"亮灯"和"喝到糖水"时小白鼠脑内的多巴胺分泌情况。

又经过很多次实验，结果发现，仅仅是亮灯，即使没有糖水喝，小白鼠脑中也会大量分泌多巴胺。而喝到糖水后，也会分泌多巴胺。由此可见，小白鼠"产生对糖水的期待"以及"实际喝到糖水"时都会分泌多巴胺。

人在实现目标的过程中也会出现类似上述实验的结果。"设定目标的时候"和"实现目标的时候"都会分泌多巴胺。"007不会死两次"，但多巴胺可是会分泌两次。

安安稳稳、波澜不惊的生活确实是一种人生境界，也不失为一种幸福。但是，在没有起伏的生活中，人脑也不会分泌多巴胺。

人只有在设定切实可行的目标，并针对目标反复思考、不停努力的过程中，脑中才会分泌多巴胺。最终把目标变为现实的时候，又会分泌多巴胺，使人产生强烈的成就感和幸福感。

为了在大脑中形成这样的良性循环，我们应该养成"设定目标的习惯"。

但要注意一点，目标不要太大、太空洞。虽然对自己的未来拥有美好的梦想，经常想象自己十年后成功的样子，对自我实现很重要，却不能有效地促进多巴胺的分泌。

与一次性设定一个长远目标相比，设定短期内可能实现的目标，在实现它后再设定下一步短期目标，如此反复，反而更容易实现长远目标。

一家公司会设定"月度目标""季度目标""年度目标"，从刺激员工的多巴胺分泌的角度来说，这种短期目标的设定方式是正确的。

几个月或者几周内就能实现的小目标，更能激发人的积极性。而且，间隔比较短的小目标，可以刺激人持续分泌多巴胺。所以，这种小目标就好比"里程碑"。

马拉松比赛大家都看过吧，赛道边会有1公里、5公里、10公里、折返点等路标作为提示。这些里程碑可以提示马拉松选手已经跑过的距离，让选手心中不断产生小的成就感。

如果在马拉松比赛中一个里程碑都没有的话，第一，选手不知道自己跑了多远了，很难把握自己跑步的节奏；第二，也没有成就感，从而难以激起坚持下去的勇气。

● 第二步　想象自己"实现目标后的样子" ●

不断在大脑中想象实现目标的情景，可以提高达成目标的可能性。这叫作自我心理暗示，很多讲自我启发的心理学书中，都曾经讲到自我心理暗示的重要性。

从科学的角度看，确实如此，心理暗示有着很强的效果。强烈暗示自己一定能够成功，并把成功后的情景，包括细节，在大脑中反复想象，确实可以促进多巴胺的分泌，提高人的干劲，从而提高成功的概率。

有意识且尽量详细地想象，是自我暗示的关键。

我自己就曾进行了这样的想象。几年前，我为自己设定过一个目标——在 2010 年内要编写出版一本介绍脑内物质的书！在设立目标的时候，我就进行过如下想象：

- 书的标题和封面设计
- 书的框架、章节设置、具体内容等细节
- 我的书被陈列在书店里的样子
- 我的书在亚马逊畅销书排行榜上名列第一的样子
- 在庆祝那本书出版的庆功宴上，我做演讲的情景
- 我的办公室里收到堆积如山的读者来信，还有读也读不完的电子邮件
- 我的银行账户里收到一笔款子，是那本书的版税
- 出版社编辑打电话来通知我，说那本书要增印
- 杂志的书评栏目纷纷刊登对我那本书的评论

在想象实现目标后自己的样子时，您心跳加快的程度将决定多巴胺的分泌量，心跳越快，越是兴奋，多巴胺分泌就越多。而多巴胺分泌越多，您成功的概率也就越高。

所以，您也可以尝试着对自己设定的目标进行积极的想象，而且要具体化、细节化、影像化。随后您也许会对自己的想象感到害臊，心里暗想："这不是白日做梦嘛！"但不敢于做梦的人，不可能到达梦想的彼岸。

鲜活地把梦想呈现在大脑中，可以说梦想已经实现了一半。

反过来说，完全无法想象的目标，是不可能实现的，因为没法为这个目标设定一个一个具体的小目标。这样的话，人脑就无法持续地

分泌多巴胺，人也就难以付诸行动。这种情况下，所谓的梦想，也只能是"空想"。

● 第三步　对目标进行反复确认 ●

实际上，设定目标的过程，无非就是在脑中默默想象的过程，有的人想过就忘了，或者慢慢就淡忘了。所以，我们必须把目标变成一个"随时都能看见"的东西。

比如，把目标写在纸上，贴在书桌上；或者向周围的人宣布自己的目标；也可以把目标写在纸上，夹在笔记本或钱包里，以便随时都能看到。

这样做的好处是可以时时提醒自己目标的存在。每当您看到自己的目标时，请想象目标实现时的情景，越详细越好，不要感到难为情。因为这样做可以为我们的大脑"补给"多巴胺，提高积极性，为行动加油。

多巴胺不可能长时间或长期连续分泌。所以，我们要偶尔对脑内的多巴胺进行补充。

补给多巴胺的简单方法就是对目标进行反复确认。

除了前面讲的方法外，我再推荐一个有趣的方法，就是为您自己的梦想制作一张"寻宝地图"。

您可在杂志上寻找与自己梦想相关的照片，将其剪下来后做一张剪贴报。这张简报会清晰地指出一步一步实现梦想的路，就像一张"寻宝地图"。看到这张地图时，您就能想象出梦想实现时的幸福情景。

建议您把这张"寻宝地图"摆在书桌比较显眼的地方，每天都去看看它。

想象目标实现时自己的样子，可以促进动力之源——多巴胺的分泌。反复确认自己的目标，可以帮您回想起当初设定目标时激动的心情。

积极性之于人，就相当于汽油之于汽车。

要开汽车进行长途旅行，出发的时候最先要做的肯定是去附近的加油站把汽油加满（相当于人制订目标之初充满激动心情的状态）。

但是，只加一箱油肯定无法到达最终的目的地，途中还要不断地加（相当于我们在实现目标的路上反复确认目标）。

不停地加油，不停地往前开，才会一点点接近目的地。

● 第四步　快乐地朝着目标努力 ●

日本有一位高尔夫神童——石川辽，年纪轻轻的他已经在世界高尔夫界崭露头角，如今的他常会到世界各地参加各种高尔夫大赛。在接受赛前采访的时候，他总会说一句："我很开心参加这次比赛。"

赛出好成绩后，石川辽还是会说："这次打得很开心！"

高尔夫界名宿老虎·伍兹也有类似的心态。一次，一位记者问他：

"能用一句话概括您获胜的原因吗？"结果，老虎·伍兹的回答只有一个单词：

"Enjoy（享受比赛）。"

老虎·伍兹在私生活中也信奉享乐主义，甚至享乐过头，引出了麻烦……

什么东西过头了都不好，但老虎·伍兹身上还是有值得我们学习的地方。奥运会冠军们也都说过类似的话。

"比赛让我很快乐！"

"我很享受比赛的紧张感。"

"站在跑道上的那一刻，我就感到很幸福。"

有所成就的人，大多都有类似的心态。

从医学角度分析，人在快乐地做一件事的时候，脑内会分泌很多多巴胺。于是，人的积极性会异常高涨，发挥出更高的水平。

人脑受到"快感"刺激的时候，会产生追求更多快感的欲望。而受到"不快"刺激的时候，人脑就会想方设法去回避不快。

当您面前的桌子上摆着好几块蛋糕的时候，假设您尝了一块觉得很好吃，这时大脑就受到了"快感"刺激。

大多数情况下，一旦您拿了一块蛋糕吃，往往还会伸手拿第二块、第三块……即使此时您并不饿，也会情不自禁一块一块吃下去，因为大脑想获得更加强烈的"快感"刺激。这正是脑内分泌的多巴胺在起作用的结果。

反之，如果尝了第一块蛋糕之后，觉得它很难吃，人就不会再伸手去拿第二块了。因为大脑会主动回避难吃的蛋糕可能造成的第二次"不快"刺激。

学生学习、考试也是同样的道理，带着"快乐"的心情去学习，大脑就会分泌多巴胺，心中自然会产生"明天继续努力学习"的念头。

脑内分泌多巴胺之后，"头脑会变得更灵活"，"记忆力也会提高"，总而言之，就是学习能力和学习效率都有提升。在这种状态下学习，人会意识到"看来我离考出好成绩不远了"。"能够考出好成绩"这种喜悦感会再次刺激多巴胺的分泌，从而为以后的学习提供动力。

由此可见，朝着目标快乐地努力，是最好的成功法则。《论语》中有一句"知之者不如好之者，好之者不如乐之者"，这句话正好说中了多巴胺的作用。以此为乐的人，才能做得更好。

反过来看，如果学生觉得考试很苦、考试很烦，那么大脑自然受到了"不快"的刺激。这时，脑内会分泌去甲肾上腺素。

如果是短期学习，去甲肾上腺素可以帮我们提高注意力，提高大脑的活力。但如果是一项长期学习的话，去甲肾上腺素就会降低我们的积极性，使我们提不起劲来。所以，长期分泌去甲肾上腺素，不利于我们取得成功。

关于去甲肾上腺素的作用，我将在第二章中为您详细讲解。

● 第五步　实现目标后，给自己充分的奖赏 ●

在职业棒球联赛中，我们经常能够看到获胜的球队举杯狂欢的样子。有人对球队如此疯狂的庆祝行为感到不解，认为有些得意忘形，甚至提出批评意见。但我觉得，获胜后的疯狂庆祝，对下次比赛中队员们的积极性非常重要。

获胜之后，人们的大脑首先会对"获胜的事实"产生喜悦感。而随后再举行庆祝活动的话，会使这种喜悦感再次被强化。获胜本身和获胜后的庆祝，都是对大脑的奖赏。

棒球运动员在获胜后举行的庆祝活动中，可以和队友分享胜利的喜悦，这使"快感"刺激得到强化，从而产生"下次比赛更加努力"的动力。人脑很"贪婪"，获得奖赏之后还想再次获得奖赏，这种贪欲也会促进多巴胺的分泌。

人获得成功后，如果对大脑的奖赏不够给力，"想再次获得奖赏"的欲望便会降低。所以，取得的成绩越大，我们给予大脑的奖赏也应该越"豪华"。

您在实现某个目标之后，应该也会感到无比开心吧。

如果此时有人能够为您举行庆祝会的话，那当然最好，如果没人这么做，您至少应该给自己一些奖励。

比如，以前一直想买的某个高价商品，此时可以作为礼物送给成功的自己。这种行为对于下一次的成功有着深远的积极意义。

日本著名棒球选手铃木一郎先生，在打破纪录的时候，会给自己买块高级名表作为奖励。

　　平时喜怒不形于色的铃木一郎，会在取得成功之后给自己买礼物，其实这也是在激励自己以后更加努力。

　　拿我个人来说，我会在实现某个大目标之后，奖励自己吃美食。这种时候，我一般会去高级寿司餐厅，因为那里价格昂贵，平时我是不敢轻易涉足的。所以，去吃高级寿司，对我来说是非常豪华的奖赏。

　　而且，美味食物本来就会刺激多巴胺的分泌。

　　多巴胺会在用餐前和用餐中分泌。到餐馆用餐，在看菜单点菜时，脑中就已经开始分泌多巴胺了，以刺激"摄食中枢"。食物入口，当觉得好吃时，又会再次分泌多巴胺。

　　"下次再实现目标的时候，还会来吃这里的寿司！"心中这样想，大脑就会再次寻求"快感"的刺激，从而涌起继续努力的干劲。这也就是多巴胺循环顺利运行的状态。我极力推荐大家在实现目标后用美食来奖励自己。

● 第六步　一个目标达成后，立刻设定"更高的新目标" ●

　　前面介绍了几位顶尖运动员，他们有一个共同点，在接受参访的时候经常会说："我很享受这场比赛""这次比赛打得很开心"……

　　如果您留心的话，他们的发言往往还有另外一个共通之处。当取得好成绩之后，他们一般会说：

"还有努力空间。"

"在……方面，发挥得还不够理想。"

"今后必须更努力才行啊！"

他们在开心之余，往往会找出自身的不足之处。在顶尖运动员中，赛后说"这次比赛我发挥得简直完美无缺"的人，我还没见过几个。

对现在的自己感到十分满足，认为"只要维持现状就好"，人在产生这种念头的瞬间，多巴胺就不再分泌了。而且，产生这样的想法之后，不仅不能维持现状，成绩还会不断下降。

创造出好成绩不应满足，应该把目光放在更高的目标上。顶尖运动员大多具备这样的素质，所以他们才能一直立于不败之地。

实现目标之后感到高兴，充分享受成功带来的喜悦非常重要，但这绝不等于满足现状而不求进取。对现在的自己感到满足，人成长的脚步也就停了下来。

我们也能看到，奥运会金牌选手容易失去继续努力的动力。因为在奥运会上获得金牌，意味着已经成了世界第一，没有更高的目标了。

但也有一些运动员在获得奥运会金牌后，依然继续努力，把自己提升到了更高的境界。这样的运动员，才是真正意义上的顶尖运动员。

日本柔道选手谷亮子就是这样的人。

谷亮子一共参加过五届奥运会,总共获得五枚奖牌——两枚金牌、两枚银牌和一枚铜牌。我们都知道，运动员的运动生涯是有限的，而谷亮子可以如此长时间地活跃在运动界，而且取得那么骄人的战绩，真算是一个不小的奇迹了。

能创造出这样的运动奇迹，得益于她那特殊的"积极性激励术"。至于她激励自己的方法是什么，我们从她的"名言"中可见一斑。

"最好获得金牌，最差也要获得金牌。"（悉尼奥运会）

"田村能获得金牌，我也能获得金牌。"（雅典奥运会）

"当了妈妈也要获得金牌。"（北京奥运会）

怎么样？每次参加奥运会，谷亮子都会提出不同的目标。

比如，在参加北京奥运会时，谷亮子就提出"当了妈妈也要获得金牌"的口号。如果换成"这次我也要获得金牌"，则没有那么强的刺激。

因为生了孩子之后，再想获得金牌比单身的时候要难很多。单身的时候可以全身心地投入训练，而有了孩子后势必要分出很多精力和时间照顾孩子。提出了更高更难的目标，才能刺激多巴胺的分泌，这与实际结果紧密相连。

设定更困难的目标时，多巴胺分泌更多，干劲也就更足。不知道谷亮子选手了不了解这一医学原理，但每次参加奥运会时，她都会给自己提出一个更高的目标，并以口号的形式宣布出来，以使自己兴奋起来。而实际上，她也真的取得了极好的成绩。

经常为自己设定"更困难的目标"，是让多巴胺的强化学习系统运转起来的秘诀，也是人生的成功法则。

您在实现了一个目标之后，也请马上给自己设定一个更高的目标。满足于现状的话，多巴胺就不再分泌了。

我们的大脑是很"贪婪"的。多巴胺是一种"还想要更多快感刺激"

的物质。

　　只要不断给自己设定更高的目标，多巴胺就会持续分泌，让您不断进步，直至走上人生巅峰。

多巴胺的分泌与自我成长的阶段

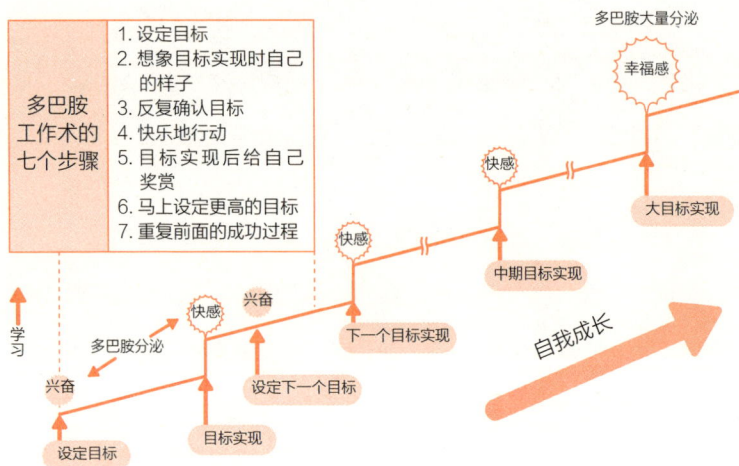

| 多巴胺工作术的七个步骤 | 1. 设定目标
2. 想象目标实现时自己的样子
3. 反复确认目标
4. 快乐地行动
5. 目标实现后给自己奖赏
6. 马上设定更高的目标
7. 重复前面的成功过程 |

● 第七步　不断重复"实现目标的过程" ●

　　实现目标后，人会获得快感（幸福感）。然后紧接着设定更难的目标，达成这个目标后人会获得更大的快感。接下来要做的事，就是不断重复这一系列过程。

　　持续重复这一强化学习的循环，人就会在成功的阶梯上不断向上走，从而实现事业上的成功，同时获得精神上的成就感和充实感。

多巴胺顺利分泌，人的自我成长路径才会变得顺畅。

新的挑战和新的努力，会使大脑进化，从而创造出质与量都优于常人的成就。

这个过程本身就是人"自我成长""自我实现"的过程。

理论和成功案例讲了这么多，接下来就请读者朋友们有意识地把促进多巴胺分泌的七个步骤应用到工作实践中去，力争创造出不一样的人生！

3. 通过"七个步骤"获得成功的诀窍

● "难易度适中的目标"才能最大限度地激发积极性 ●

前面已经讲过，想要促进脑内多巴胺的分泌，"设定目标"是非常重要的。但是，如果这个目标过于简单，多巴胺也不会分泌多少。反过来，如果是超出自己能力范围，无论如何也难以达成的目标，也不会促进多巴胺的分泌。

目标必须有些难度，但通过努力应该有实现的希望。只有设定这种"难易度适中的目标"，才能最大限度地刺激多巴胺的分泌，让您充满干劲地朝着目标去努力。

就拿电子游戏为例，如果一个游戏非常简单，随随便便都可以通关，那您还愿意玩第二次吗？反之，如果游戏中的敌人过于强大，无论挑战多少次都会中途 Game Over（游戏结束），那恐怕您也不想再玩下去了。

经过几次挑战，掌握窍门之后才能顺利玩下去的游戏，才是人们最喜欢的游戏。既不会让人轻易通关，也不至于中途放弃。

"难易度适中"的游戏，是最好玩的游戏，因为这样的游戏最能促进人脑内多巴胺的分泌。

也许很多朋友都拥有宏大的梦想，比如"成为亿万富翁""当总统""举办世界巡回演唱会"……只有这样的梦想，并无法刺激多巴胺的连续分泌，因为它们过于宏大了。

不能连续分泌多巴胺，人就没有坚持下去的动力之源。所以，梦想太过宏大的话，实现起来是非常困难的。一方面是因为那样的梦想难度大，另一方面则是缺乏一步一步的方向性指引，宏大的梦想都不可能一蹴而就。

不是说我们不应该胸怀远大抱负，而是不应让梦想成为空想。首先应该为实现大理想设定一个易于实现的小目标，完成小目标之后再设定下一步小目标。一步一个脚印地实现这些小目标之后，您就会发现大理想已经近在眼前了。举例来说：

- **成为亿万富翁→每月收入增加一万日元**

- **当总统→先报名成为选举的志愿者**

- **举办世界巡回演唱会→先去地铁站卖唱**

根据自己的实力，设定一个经过刻苦努力有希望达成的小目标，才能激发人的奋斗热情。而这份热情也更容易落实到实际行动中。

1969 年 7 月 21 日，美国宇航员尼尔·阿姆斯特朗等三人实现了人类首次登上月球的梦想。随后，阿姆斯特朗留下了一句名言："对一个人来说，这只是一小步；但对人类来说，这却是一大步。"

阿姆斯特朗的名言您也可以应用到自己的工作中。要想实现"一大步"，最初的"一小步"十分重要。

第一步虽然小，但至少在向前进。"小步"的成功迈出，促进人脑内的多巴胺分泌，从而更有干劲迈出下一步。如此循环往复，必定能实现大的飞跃。

所以，为了实现远大的理想，请您先为自己设定一个有希望实现的小目标，把最初的一小步迈好。

●重新架构，将"厌烦"转换成"快乐"●

设定目标之后，在朝目标努力的过程中，如果您能在脑中想象自己达成目标之后的开心样子，心中一定会涌起无穷的干劲，告诉自己："好嘞！加油！""一定能成功！"

但是，理想是丰满的，现实却是骨感的。虽然之前做好了一路开心勇往直前的打算，但努力的过程中难免会遇到失败、挫折的打击，让人感觉苦恼、厌烦的场面会层出不穷。

这种时候，您需要转变思维方式，把"厌烦"变成"快乐"。

心理学上有一种方法叫作重新架构，说通俗点就是转换思维方式。运用这种方法，就可以实现从"不快"到"快乐"的转变。

面对同样一个事物，不同的人会有不同的看法和感受。在某个角度看是劣势的情况，在另外一个角度看可能就会变成优势。

假设一次考试还剩 15 分钟。悲观的同学心里会想："糟糕！只剩 15 分钟啦，做不完了。"而乐观的同学可能会想："呀！还有 15 分钟呢，又能多做两道题。"

遇到这种情况的时候，如果能够养成乐观的思维习惯，那么在不利的情况下，您也能够找到有利的因素。

要想把重新架构变成一种习惯，日常练习必不可少。在日常工作、生活中，只要自己脑中浮现出消极的想法，就请立刻把它转变成积极的思维方式。

而且，还要尽量把积极的思维方式用语言表达出来。

×"我擅长的技能和知识都无法发挥出来。"
√"这是一个磨炼我不擅长的技能和知识的好机会，我一定要把握这个机会好好学习，提高自己。"

×"这真是一项艰难的任务，需要高级的知识和技术。"
√"我要把这项工作当成一个挑战，借此机会可以好好提高自己的知识和技术。"

×"这个工作不适合我。"
√"这个工作对我来说是个全新的挑战，没准能激发出我未知的能力呢。"

×"这项工作我一个人不可能完成啊！"

√"这项工作需要团队协作，我会和大家齐心协力，一起完成它！"

×"A君完全不听我的意见。"

√"在提出我自己的意见之前，也许我该多听听A君的想法。"

×"公司的氛围太沉闷啦。"

√"我应该从自己做起，打起精神，热情地和每位同事打招呼。"

怎么样？消极的想法，即使只是变成积极的语言表达出来，厌烦、辛苦、烦躁的心情也能得到缓解。

利用重新架构的方法转换思维，把"厌烦"变成"快乐"，虽然还是做一样的工作，但无论工作效率还是质量，都会大大得到改善。

● "赞美""表扬"是对大脑最高的奖赏 ●

"我想让自己认可自己。"

这是日本马拉松运动员有森裕子在亚特兰大奥运会获得女子马拉松比赛的铜牌后，接受记者采访时说的一句话，在我看来，这就是一句格言。

自己认可自己，自己赞美自己，这真是一句非常经典的话。

获得别人的赞美、表扬，对我们的大脑来说是最高的奖赏，这会让我们感到无比幸福。

您可以尝试一下，对自己的部下或太太（先生）说出您的褒奖之词。对方肯定会立刻露出愉快的笑容。不仅如此，对方心里肯定还会想"下次我一定会更努力""下次一定要做得更好"，从而干劲十足。

赞美、表扬，是一种非常大的心理奖励。人受到赞美、表扬的时候，脑中会大量分泌多巴胺，科学家已经通过实验证实了此事。

所以，如果我们能够经常获得别人的赞美、表扬，对自身的成长当然是一件不可多得的好事。

但如果没有人赞美、表扬我们，我们该怎么办呢？那就请赞美自己、表扬自己、认可自己。仅仅是把对自己的赞美之言说出来，对大脑来说也是了不起的奖励。

"我真厉害！"

"干得漂亮！"

"终于成功了！"

"我居然这么能干？！"

"没有我干不好的工作！"

"没想到我这么快就做完了。"

就像这样，您可以经常以自言自语的方式对自己大加赞扬。也许别人对我们的这种行为会报以白眼，甚至觉得我们神经兮兮，但不要去在乎别人的眼光。对自己说赞美的话，就可以促进脑内多巴胺的分泌，给大脑以奖励。

　　但是请朋友们注意一点，为了促进多巴胺的分泌，应该在达成目标的时候对自己进行赞美。其他时候对自己胡乱表扬，是没有效果的。也就是说，自我赞美的时机很重要，要把握好。

　　赞美、表扬别人的时候同样要注意时机。当部下在工作中取得好成绩的时候，一定要大加赞赏。不失时机地赞美，是提升部下工作积极性最简单、最有效的办法。

　　我这么说，也许有人会提出异议，他们认为"老是表扬的话，对方会骄傲的"。其实，只要表扬的方法和时机得当，根本不用担心这个问题。

　　当对方实现目标、做出成绩的时候，怎么表扬都不过分，也不会让他骄傲。因为那是人家"拼命努力实现的目标"，是"经历了许多痛苦，战胜了无数困难才取得的成绩"。

　　如果对方的努力一直停留在一个高度上，表扬他是没有意义的。只有他的成绩登上一个新台阶时，才值得表扬。

　　以角色扮演游戏（Role-playing game，简称 RPG）为例，游戏角色要打怪升级，只有在升级音乐响起的瞬间进行奖励，才会对玩家的积极性起到最大的刺激效果。如果玩家每次打败一个小怪就奖励一下的话，那么刺激的效果就会越来越弱。

4. 其他"刺激多巴胺分泌"的工作方法

● 花样百出的"北斗神拳工作法" ●

前面着重讲了促进多巴胺分泌的七个步骤，并介绍了利用这七个步骤提高工作积极性的方法。

其实，除了这七个步骤之外，还有一些可以促进多巴胺分泌的方法。而且，都是些在日常工作、生活中随时可以应用的简单方法。

比如，漫画《北斗神拳》就给了我一些启发，让我发明了一种"北斗神拳工作法"。

漫画《北斗神拳》讲的是世界在经历了核战争之后，人类文明毁灭殆尽，秩序也已经消亡，此时的世界已经变成一个由暴力支配的弱肉强食的地狱。传说中有一种最强的拳法——北斗神拳，而漫画讲的就是北斗神拳继承人拳四郎（也有人译作健次郎）除暴安良的故事。

从整体来看，这个故事的主线是主人公拳四郎要打败"命运安排的对手"拉奥。但从小的段落来看，基本上都是在重复同样的情节——拳四郎来到某个小村庄，与统治这个村庄的邪恶小 Boss（怪）相遇，然后他打败这个小 Boss，解放村民。这是典型的惩恶扬善的故事。

尽管一个个小故事不断重复着相似的情节，但读者还是会满怀兴趣地继续看下去。其中的原因，我可以从多巴胺的角度进行分析。

拳四郎每次都会打败折磨村民的小 Boss，但每次使用的招数都不一样。比如，北斗百裂拳、北斗柔破斩、北斗残悔拳……每次都会有新的绝招出现，读者对下一次的战斗充满期待，便会被漫画中的情节牵着走，继续看下去。

多巴胺最讨厌一成不变的东西，它喜欢"变化"和"新奇"。在漫画《北斗神拳》中，被主人公拳四郎打败的各个小 Boss 都有自己鲜明的性格，而作者在拳四郎打败他们的方法上也下了一番功夫，不断推出新的招数。读者不断地看下去，其原因就是想看一下下一次拳四郎会用什么绝招打败敌人。

如果您的工作内容比较单调，比如仅仅是制作各种文书或单纯计算，那么每天不断重复几乎一样的工作内容，您难免会感到单调，时间长了就容易陷入麻木。即使为自己设定了目标，在单调的工作中也难以刺激多巴胺的持续分泌。

遇到这种情况的时候，我建议采用"北斗神拳工作法"。

面对一成不变的工作，可以用不同的方法、心态去挑战。这样一来，虽然结果没变，但过程会大不一样，工作起来人就会充满兴奋感，从而刺激脑内多巴胺的分泌。

仅仅是在过程中加入一些变化，就能激起人的干劲，让原本单调的工作变得有趣、愉快，而完成工作时的满足感也会大为提升。

● 敢于"尝鲜"的"挑战工作法" ●

在很多情况下，"新方法"对我们的头脑来说是一种挑战，"新场所""新环境"也是一样。

拿有经验的专业运动员来说，他们在训练的过程中会不时改变一些训练方法，或加入新的训练内容，再或者更换教练……以这些新的挑战为契机，很多运动员都会得到很大的提高和成长。

在诸如篮球、足球等团体项目的联赛中，我们常能看到球员转会的情况，通过球员的更换，可以给整个球队带来新的活力。

像这样对方法、环境等做出的改变，对我们的头脑来说都是新的挑战，会促进多巴胺大量分泌。

我们的头脑喜欢新的挑战，也有一套应对新挑战的机制。对上班族来说，"转岗""改变团队配置"都是不错的改变，也是很好的挑战。

但听我这么一说，也许很多人会感到不安，他们不想改变现状，担心新的工作自己应付不来。其实这种担心是多余的，虽然您心里不愿接受改变，但大脑是很欢迎的。所以您应该改变心态，顺应大脑的需求，积极地面对改变，让新的挑战刺激大脑分泌大量多巴胺。积极性被调动起来了，面对新工作，您会干得更起劲，也许能力可以得到飞跃性的提升呢。

● 创造具有自己风格的"改造工作法" ●

如果您喜欢逛书店的话，会发现一家书店中关于减肥的书至少有100 本。

近年来减肥风潮盛行，尤其是女性，她们以瘦为美。不熟悉减肥的您，也许以为每本书中都会教人一些特定的减肥方法，只要照着做就可以成功瘦身。但如果您仔细翻阅几本的话，就会发现基本上每本书中都不会教人特定的方法，而是指出一个减肥的大方向，再加一些具体的指导，剩下的就是让读者根据自己的情况制订适合自己的减肥方案。作者们为什么要这样编写减肥书呢？其原因也和多巴胺有关。

当被告知"只要完全按照这个方法做，你就可以成功"的时候，人往往提不起干劲来，因为多巴胺喜欢自己主导一些事情。如果换种说法，"你可以以我的方法为基础，再根据自身情况加以改造，找到适合自己的方法，就一定能成功"，这样更容易刺激多巴胺的分泌，成功的概率也更高。

假设有个胖子，她在书店里买了一本减肥书。如果她完全按照书中介绍的方法进行减肥的话，恐怕中途会受挫。因为对于别人介绍的方法，她并没有用自己的头脑进行思考，也没有考虑别人的方式是否适合自己。

不仅是减肥，学习和工作也是同样的道理。如果完全按照书本上教的方法去做，基本不会像书中那样顺利发展，结果使人产生疑惑或烦躁的情绪，多半会中途放弃。而如果能够加入自己的思考，把别人的方法改造成适合自己的方法，结果就大不一样了。

● 限定时间的"奥特曼工作法" ●

我想大家都听说过"奥特曼"的大名吧，那可是大名鼎鼎的变身英雄啊。为了保卫地球的和平，奥特曼与各种巨大的怪兽或外星人对战。最终，奥特曼总能发挥出超强的能力击败怪兽。在那个时代，奥特曼已经成了"正义英雄"的代名词。可是您知道吗，奥特曼之所以能发挥出强大的威力，原因可能就在于他在地球上"只能战斗三分钟"。

奥特曼在地球上的战斗时间只有三分钟，战斗时，他胸前的一个彩色计时器会闪烁起来，这个计时器一旦熄灭，奥特曼就无法再战斗了。所以，他每次都必须在三分钟内打败怪兽结束战斗。正因为奥特曼是在一个限定的时间内战斗，紧迫感非常强，压力也很大，他才能发挥出超强的战斗力。

在公司里，您肯定每天都会有一些必须当日完成的常规工作，比如制作各类文件等。现在，对于这类工作您可能已经不胜其烦，根本提不起兴趣，每天只是麻木地重复着机械性的操作。即使用前面介绍的"重新架构工作法"，恐怕也难在其中找到能让自己提起干劲的兴奋点。

您也不必灰心丧气，其实，不管多么无聊的工作或单调的作业，只要像奥特曼一样给自己设定一个时间限制，就会紧张起来。多巴胺很喜欢"有点难度的挑战"，当我们给自己设定一个比较短的时间限制时，多巴胺就会登场，让我们兴奋起来，以高度的专注力来迎接这个挑战。

打个比方，假设平时您要花 120 分钟来制作一份文件，那么这次您可以在时间上给自己提高一点要求，"今天我要在 100 分钟内完成它！"，并用秒表给自己计时。这样一来，您自然就会产生紧迫感，从而专心工作了。如果能够按照计划，用 100 分钟完成工作，那么此时的成就感肯定高于以往。

紧接着给自己制订更高的目标，"明天要在 90 分钟内完成"。

多巴胺还喜欢"得寸进尺"。如果您工作的内容无法变得更难，那就要求自己"做得更快"。这种有难度的目标或要求，才能刺激多巴胺的分泌。

所谓"奥特曼工作法"，其实就是设定时间限制的工作方法。您可别小瞧这个"时间限制"，它能让您在工作中变得比以前快乐，工作效率也更高。

●"勇者斗恶龙工作法"——用游戏的心态享受工作●

角色扮演的游戏在游戏界经久不衰，日本的代表作有《勇者斗恶龙》《最终幻想》等。这种游戏一旦玩起来，简直停不下来。有的游戏玩家甚至会通宵达旦地玩。

其实，角色扮演游戏吸引人的原因，也和多巴胺有关。

游戏中，玩家选择的角色在场景中行走时会遇到各种怪物。通过与怪物对战，击败怪物，便可获得奖金、经验值或装备（以上均是奖赏）。击败的怪物越强，所获得的奖金、经验值、装备也就越多。

随着游戏情节的深入，游戏还会给玩家分配一些任务（小目标），比如"获取某种装备""去哪里与某人会面"等。玩家完成任务后，除了奖励之外，游戏会给出新的提示或下达新任务。

为了通关，玩家还要和关口的中级 Boss（中级目标）对决，战胜中级 Boss 后，一般可以获得相当多的奖金、经验值和装备。但是，中级 Boss 可没那么简单战胜，有时候需要反复多次才能通关。

当经验值积累到一定程度时，玩家所扮演的角色就会升级。升级后，能力和技能会有相应的提升。当玩家升级到一定级别时，就可以和游戏的终极大 Boss 对决了（大目标）。

完成小任务（达成小目标），打倒中级 Boss（达成中级目标），最后再击败终极大 Boss（达成大目标），基本上是所有角色扮演游戏的共通流程。这也正是角色扮演游戏令玩家欲罢不能的秘诀。

每当实现小目标，玩家就可以获得相应的奖赏，也就有了挑战更大目标的动力和条件。

达成小目标，实现中级目标，最后再朝着大目标前进。

角色扮演游戏的这个流程，简直可以说是一个完美的多巴胺奖赏系统。游戏玩得越久，就越有希望获得更大的奖赏，脑内的多巴胺也会分泌更多，从而使玩家上瘾。

如果能把角色扮演游戏的流程应用于工作中，那么再无聊、再艰苦的工作，也会变得像游戏一样好玩。

举例来说，在工作前可以为自己制定奖励机制："如果我能在中午前完成这项工作，就算通关了。作为奖励，午饭不再吃拉面，而是升级为牛肉盖浇饭"，或者"今天之内把工作完成的话，我就奖励自己周末去泡一次温泉"。把"实现目标→获得奖励"的机制引入工作，工作就会变得像游戏一样轻松，搞不好还会让人上瘾呢。

当人预见到自己有希望获得奖励，就会朝着目标拼命努力，这也是脑中多巴胺起作用的结果。

也有的人喜欢在实现目标之后再奖励自己，比如"今天上午我工作很卖力，完成了一项工作，中午奖励自己吃牛肉盖浇饭"。但是这种"马后炮"对提升工作积极性并没有任何帮助。

只有在工作开始之前给自己明确"实现目标→获得奖励"的机制，才能使自己兴奋起来，从而激发斗志。虽然都是同样的工作，但思维方式的不同，可能导致结果大相径庭。

5. 只要对生活方式稍加改变，就可以使"幸福感"爆棚

● "运动"是刺激多巴胺分泌最为简单有效的方法 ●

前面为读者朋友们介绍了各种刺激多巴胺分泌的工作方法，但也许还是会有人说："那些方法太麻烦了！""就没有更简便易行的方法了吗？"

在这里，我就为您介绍一种更加简单的刺激多巴胺分泌的方法，那就是"运动"。

A10神经分泌的多巴胺量最大，不过A9神经也可以分泌多巴胺。A9神经是从黑质致密部投射到大脑基底核（尾状核、线条体）的神经路径。

A9神经与人体的运动有着紧密的联系。科学家们已经查明，运动可以促进多巴胺的分泌。

每天下午4点到6点这个时间段，我都会到体育场运动一会儿。

运动结束后，再去私房菜馆写稿子。

一般来说，到了傍晚这个时间段，人的大脑已经疲惫了，完全不适合搞创作。但我写稿子是在运动之后，虽然身体很累，但头脑非常清醒，有点像早上刚起床时的状态。

在养成傍晚锻炼的习惯以前，我认为高强度的运动之后不适合进行写作这种创造性的工作。但实际操作之后，我发现自己完全想错了。

通过运动，不仅可以促进多巴胺的分泌，还能促进乙酰胆碱的分泌，而乙酰胆碱就有助于提高我们的专注力和想象力。运动还能激活体内的血清素。另外，稍做些高强度的体育锻炼，能促进有着"脑内毒品"之称的内啡肽的分泌。

连续做 30 分钟以上的有氧运动，我们体内便开始分泌促进脂肪分解的生长激素。

上述各种效果综合在一起，就让我们的头脑在运动之后变得十分清醒、敏锐。当然，其中多巴胺的作用尤为重要。

慵懒，什么也不想做，做什么都提不起劲来。处于这种状态的人，大多也都运动不足。先不说运动对身心健康的重要性，单从提高工作积极性这一点来说，我也建议您平时要坚持适量运动。

● "春笋土佐煮"[1] 也能让人干劲十足? ●

不只有运动和多巴胺的分泌有关,一些食物也能影响多巴胺的分泌。

多巴胺是以一种名为"酪氨酸"的氨基酸为原料制造出来的。如果酪氨酸不足的话,人体就无法分泌出足量的多巴胺。

富含酪氨酸的食物有竹笋和鲣节。所以,恰好用这两种食材制作的菜——春笋土佐煮,也许是补充酪氨酸最合适的食物。另外,肉类、牛奶、杏仁、花生等,也含有丰富的酪氨酸。

不过,为了将酪氨酸输送到我们的脑部,还需要糖的配合。人体中的糖主要来自碳水化合物,也就是主食。所以,在摄取富含酪氨酸的食物时,别忘了和主食一起吃。

另外,在我们脑内,要把酪氨酸制造成多巴胺,还需要一种物质——维生素 B_6。即使体内摄入了足量的酪氨酸,但如果缺乏维生素 B_6 的话,依然无法正常地合成多巴胺。

维生素 B_6 含量较高的食物有香蕉、牛奶、鲣鱼、金枪鱼、鲑鱼等。

还有一个误区需要大家注意,并不是说体内摄入的酪氨酸越多,我们就会制造出越多的多巴胺。健康人的身体不会无限量地制造多巴胺。

---

① 译者注:春笋土佐煮,是日本料理中煮物的一种,使用土佐(现为高知县)的特产——鲣节和春笋,一起用酱油煮的菜。土佐煮中鲣节的味道非常浓郁。

举个例子，假设有一家汽车制造厂，它每天的最大生产量是 100 辆汽车。如果一天给这家工厂输送制造 50 辆汽车的零部件，那它这一天只能制造 50 辆汽车。但是，即使一天给它输送 200 辆汽车的零部件，它也不可能制造出 200 辆汽车。因为那已经超出了它的生产能力，它一天最多能制造 100 辆汽车。

脑内物质的生成也是同样的道理。脑的生产能力是有限的，原材料再多，也不可能无限量地制造脑内物质。健康人的身体，不会过剩地制造脑内物质。

体内酪氨酸不足的人，通过饮食补充酪氨酸有着非常重要的意义。但要注意，即使摄入正常量两倍的酪氨酸，身体也不会制造出两倍的多巴胺。再多的原材料，也只能让脑内物质维持正常的分泌水平。

总而言之，不偏食、不挑食，保持营养的均衡，是打造健康身心的基础。

● 分泌过剩的脑内物质将给身心造成危害 ●

前面讲了很多有关多巴胺的积极作用，也许会给您造成一种错觉，认为多巴胺分泌得越多越好。但实际上，包括多巴胺在内的各种脑内物质，并不是分泌得越多越好。有些情况下，过剩分泌的脑内物质有可能给我们的身心带来伤害。

支撑奖赏系统运作的脑内物质是多巴胺。而如果多巴胺分泌过多，就会引发奖赏系统紊乱，使人患上心理疾病，最为典型的就是各种"依赖症"。

我们经常能在电视上看到某位明星因为吸毒被捕的新闻。实际上，毒品可以直接作用于奖赏系统的中枢——侧坐核，使其兴奋。

吸食毒品之后，人会获得强烈的快感，但与此同时，大脑会追求更加强烈的快感。结果，毒品的吸食量会越来越多，最终产生毒品依赖症，也就是我们通俗所说的上瘾。

打牌、购物，一般来说是一种愉快的行为，可如果大脑中的奖赏系统紊乱的话，人就会失去节制。一旦产生依赖症就难以自拔了。我听说有的赌徒不惜借高利贷也要去赌博，而购物成瘾的人，会把信用卡刷爆。这种程度的依赖症已经是病态，严重影响人的生活。

近20年的研究成果显示，"精神分裂症"在很大程度上也是多巴胺异常引起的。

精神分裂症可以分为"阳性症状"（幻觉、妄想、怪异行为等）和"阴性症状"（感情平淡、兴致缺失、意志减退等）。阳性症状是由中脑－边缘系统的障碍引起的，而阴性症状是由中脑－皮质系统的障碍引起的。

如今，科学家已经研发出"选择性遮断多巴胺"的药物，这种药物对精神分裂症的治疗具有显著的效果。很多患者在服用此药后已经不用住院治疗，还有的已经开始回归社会了。

另外，在多巴胺神经系统中，除了A10神经外，A9神经也很重要，这一点我在前面稍微提到过一些。与人体运动息息相关的A9神经如果出现问题的话，人也会生病，那就是大家熟悉的"帕金森病"。世界重量级拳王穆罕默德·阿里和科幻电影《回到未来》的主角迈克尔·J.福克斯就患有帕金森病。

人患上帕金森病后，大脑基底核会呈现多巴胺不足的状态，大脑无法调节肢体的精细运动。帕金森病的症状主要有手指震颤，运动迟缓，姿势、步态的障碍，表情僵硬等。

多巴胺的适量分泌确实可以提高人的兴致，使人产生幸福感。尽管如此，我们也绝不能用吸食毒品这种简单粗暴的方式直接刺激侧坐核，促进多巴胺的分泌以获得快感。

沉迷于赌博、购物，用这种方式让大脑分泌多巴胺也不可取。我们应该以积极的态度来面对生活和工作，用"设定目标→实现目标"的循环来促进多巴胺的分泌，才是保持身心健康、获得幸福人生的正道。

● 脑的欲望无限大，人的可能性也无限大 ●

我曾经听说，有位日本商人在生意上取得巨大成功，积累了数十亿日元的财富。但是他急流勇退，为了过轻松舒适的生活移居到了夏威夷。在夏威夷的生活虽然好似人间天堂，但这种没有刺激的生活让他无法忍受，几年之后他又回到了日本，重新开始了自己的事业。

已经得到了想要的生活，人还想尝试"新的挑战"，这也是托了多巴胺的"福"。

在多巴胺的奖赏循环中，人实现了一个目标之后，还想实现更高的目标；获得快感之后，还想获得更大的快感。长期过着一成不变的生活，幸福感在大脑中就会越来越淡薄。

我们经常能听到这样的话："虽然现在的生活什么都不缺，也没有烦恼，但不知为什么，就是干什么都没兴致。"从脑科学的角度来说，"什么都不缺，也没有烦恼"的生活，人是不会分泌多巴胺的。当人过上"满足的生活"后，如果安于现状，便不会去设定更高的目标，那就更谈不上为了实现目标而努力了，这种情况下脑内是不会分泌多巴胺的。所以，令人满足的生活虽然很舒适，但时间长了人并不会感觉自己有多幸福。

人脑喜欢挑战。挑战、成功，才能产生幸福感。

由此可见，我们的人生离不开挑战。从放弃挑战的那一瞬间开始，人就失去了向上的动力，多巴胺也不再分泌了。

观察一下身边已经退休的老年人您就会发现，那些有自己的爱好，或者从事志愿者活动的老年人看起来更年轻，因为他们不断投入新挑战。反之，那些只把"安享晚年"作为目标的老年人，每天过着悠闲、懒散的生活，结果反而老得很快。

只有不断地提高自己的能力，尝试那些能够提高自己能力的新挑战，才能在挑战的过程中体验到幸福。

改变观念，不断挑战自己，任何人都可以获得幸福。

听我这么说，也许又有读者会误解，认为人必须在有生之年坚持付出无限的努力，才能在最后获得幸福，实际并非如此。只要今天设定了目标，并从现在开始努力，大脑就会立刻分泌多巴胺，您就能立刻产生跃跃欲试的兴奋感和幸福感。

有一位事业相当成功的大集团老总曾经说过这样的话：

"我年轻的时候虽然很穷，但那时的我心中满怀着理想，并拼命地为了理想而努力，每一天都过得充实无比。现在回想起来，那个时候的我最幸福。"

在每天的工作中，我们应该为自己设定可以提高能力的目标，抓住自己兴奋的瞬间，把注意力聚焦在当前的任务上，让自己在人生的道路上不断成长。

今天，您就可以把这些经验应用到实践中，现在就可以把幸福握在手中。

第一章

———— **总　结** ————————————————

- 多巴胺的适量分泌，能使人产生幸福感。

- 给大脑奖赏，人的积极性就会提高。

- 让多巴胺的奖赏循环运转起来，就可以一步步实现目标。

- 设定一个个难度适中的小目标（里程碑），可以引导我们一步步实现大目标。

- 经常想象达成目标后自己的样子。设想得越详细，成功的概率就越高。

- 快乐地去努力，是成功最大的秘诀。

- 实现目标后，要及时给自己奖励，这关系到下一次的积极性。

- 实现目标后，不要满足于此、停步不前，而应该马上设定下一个目标。

- 我们的大脑喜欢挑战。不断尝试新的挑战，才能使人成长。

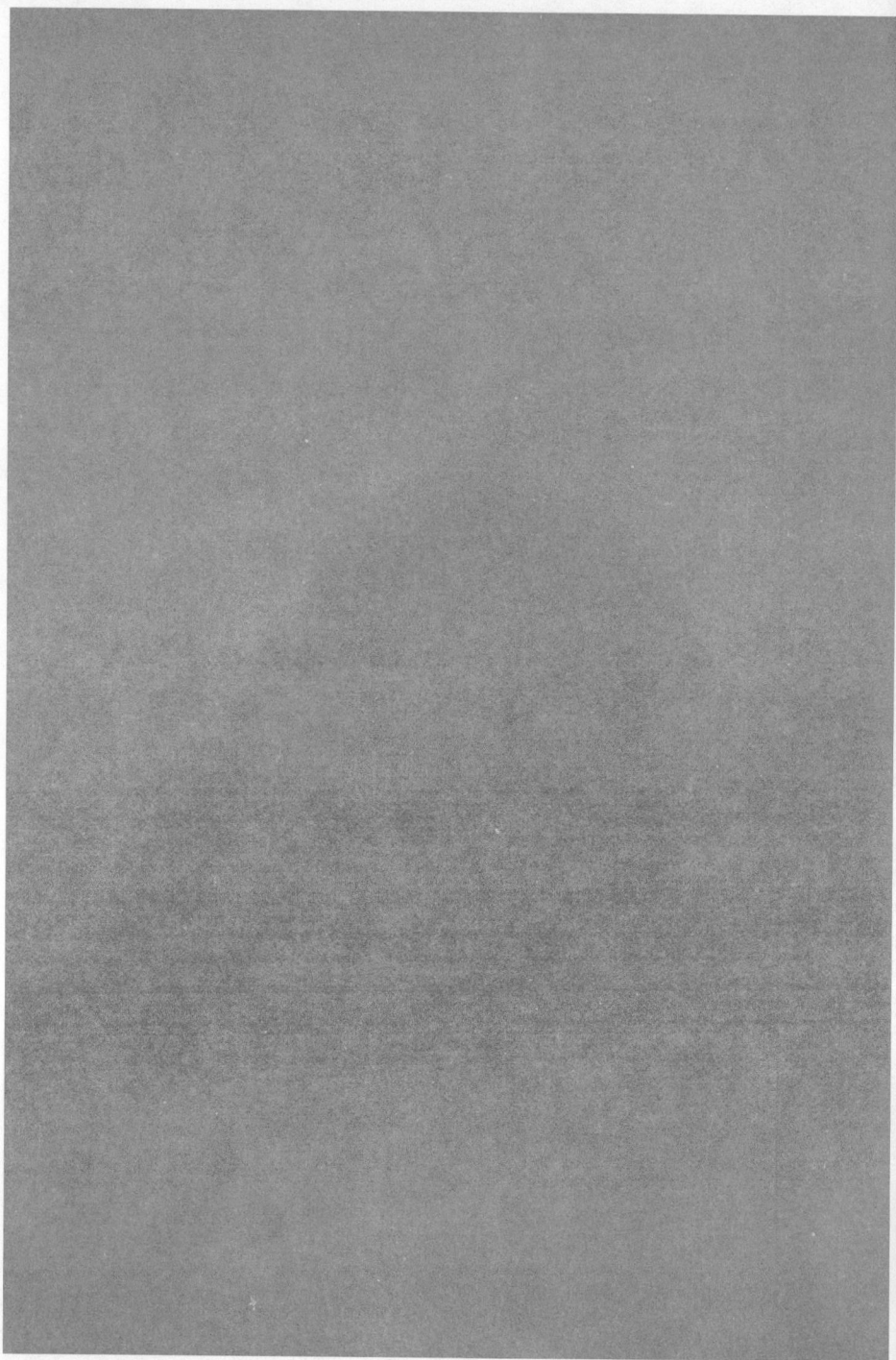

第二章

去甲肾上腺素工作术

"恐惧"和"压力"可以提高工作效率！

Business skills using Noradrenaline

1.在"适度紧张"状态下，人脑会分泌去甲肾上腺素

● 人气讲师上课的秘密 ●

日本著名礼仪讲师平林都女士，同时也是高雅礼仪学校的校长，她每年要举办至少 300 场的礼仪讲座。

在讲座中，平林都女士以严厉著称，听讲的学生哪怕稍微出一点差错，也会被平林都女士用她那特有的关西口音厉声责骂。平林都女士还经常出现在电视访谈节目中，她的著作《平林都的接人待物之道》（大和书房）也是一本销量很高的畅销书。

平林都女士每次举办讲座的时候，都会满面笑容，以优雅、和蔼的谈吐举止开场。

但是，听讲学生的一点失误，都会成为平林都女士大发雷霆的导火索。那时的她，一改讲座开始时的和蔼，一脸凶神恶煞，语气也会变得异常严厉。

"喂！你回答的是什么东西？！蠢材！"

"你要是在工作中有这样的举止，被店长看见了不开除你才怪！"

平林都女士的突变，往往让学生措手不及，个个吓得脸色发青。结果，学生的注意力瞬间集中了起来，每个人都精神紧绷，不敢走神。而另一方面，看到课堂气氛紧张起来之后，平林都女士又会恢复先前和蔼的语气，笑容也再次回到了她的脸上，讲座继续进行。

只要听讲的学生一有懈怠，讲师就会严厉批评。

像这样在学生面前展示威严感，对他们施加恐惧感，可以瞬间提高他们的专注度和学习效率。

平林都女士在讲座上"大发雷霆"就是出于这个目的，"逼"着学生们认真起来。结果，她的讲座的效果非常好，学生们都说收获巨大。

● 去甲肾上腺素被称为"战斗或逃跑激素"的原因 ●

突如其来的批评可以提高学生注意力的心理技巧已经广为人知，很多老师都会用这一招"对付"上课不认真听讲的学生。如果从脑科学的角度分析，其实这就是去甲肾上腺素的作用。

去甲肾上腺素是一种以氨基酸为原材料生成的"儿茶酚胺"，它作为一种激素由"肾上腺髓质"释放到血液中。肾上腺在肾脏的上方，紧邻肾脏，是人体内分泌的重要器官，肾上腺髓质是肾上腺的一部分。

另外，去甲肾上腺素也是"去甲肾上腺素能神经末梢"分泌的神经递质，用于突触之间的刺激传递。脑干（主要是其中的脑桥）有一种名为"蓝斑核"的神经核，去甲肾上腺素由蓝斑核分泌，然后投射到下丘脑、大脑边缘系统、大脑皮质，与注意力、专注力、清醒度、判断力、工作记忆、镇痛等大脑机能有着密切的联系。

去甲肾上腺素和下一章即将介绍的"肾上腺素"一起，帮人做出"战斗"还是"逃跑"的判断。另外，去甲肾上腺素还会作用于交感神经系统，直接使人心跳加速。在将脂肪转换成能量以及提高肌肉反应速度的过程中，去甲肾上腺素也起着至关重要的作用。

在远古时代，我们的祖先原始人在山林之间、草原之上活动的时候，常会与凶猛的剑齿虎不期而遇。剑齿虎龇着剑一般锋利的牙，发出令人毛骨悚然的低吼声，似乎立马就要扑上来袭击原始人。

此刻，在原始人的脑中，位于小脑的"扁桃体"就会将剑齿虎带来的刺激判断为"不快"，更具体点说就是"恐惧"。

与剑齿虎的相遇令原始人感到恐惧，这时，小脑内的扁桃体会判断当前情况非常危险，于是指挥人体迅速分泌去甲肾上腺素。

在这种危机情况下，原始人能够采取的行动只有两个——"战斗"或者"逃跑"。

去甲肾上腺素的分泌会令人心跳加快，使血液加速供应到脑和骨骼肌。不管"战斗"还是"逃跑"，都是需要爆发力的行动，而去甲肾上腺素的分泌，就是让大脑和身体做好这种准备。

去甲肾上腺素的分泌让人的头脑更加清醒，专注力也会大幅提升。使人在瞬间判断自己该与剑齿虎"战斗"还是"逃跑"。

去甲肾上腺素与肾上腺素的机能

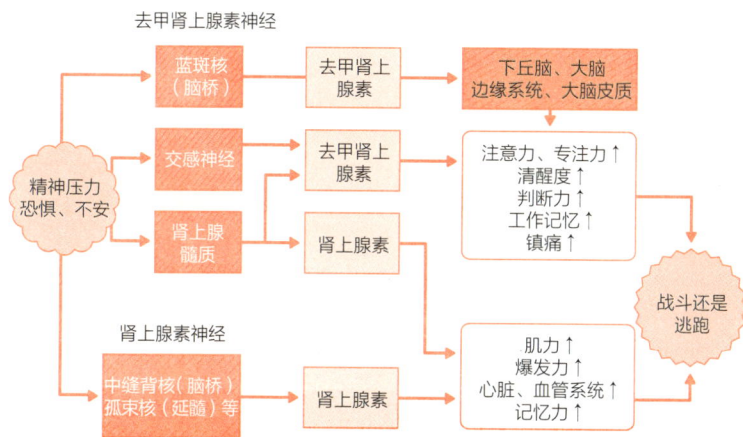

注：为了便于读者朋友理解，上图将实际的神经系统主要路径进行了简化

去甲肾上腺素还有另外一个作用，就是令人对"疼痛"的感觉变得迟钝。也就是说，去甲肾上腺素有类似"镇痛剂"的作用。

我们可以设想一下，原始人决定不逃跑，与剑齿虎来一场你死我活的对决。在战斗中，假设剑齿虎咬住了原始人的胳膊，那种疼痛恐怕会是撕心裂肺的。但如果原始人因为这剧痛而放弃战斗，那接下来肯定会被剑齿虎咬住脖子而丧命。所以，在这种关乎性命的危急时刻，原始人根本没有工夫在意肢体的疼痛。

这个时候，大脑会让原始人对疼痛的感觉变迟钝，从而继续战斗，或者停止战斗选择逃跑。大脑分泌去甲肾上腺素，就会让原始人的疼痛感减轻。

实际上，在危及生命的紧迫时刻，除了去甲肾上腺素之外，人体还会同时分泌肾上腺素、β-内啡肽等具有镇痛效果的神经递质。不过，去甲肾上腺素的作用不可小觑。

● "精神压力"使用得当，可以提高我们的专注力 ●

礼仪讲师平林都女士在讲座中以突然的"暴怒"给听众施加"威严感"和"恐惧感"，以提高听众的专注度，获得了非常好的效果。她的礼仪讲座也获得了"日本第一"的美誉。其实，只要了解了去甲肾上腺素的作用，就不难理解平林都女士成功的秘诀了。

"喂！"

平林都女士在讲座中一声突如其来的断喝，让所有听众的神经为之一紧。

其实，这一瞬间每位听众的脑内都在分泌去甲肾上腺素。本来打盹的人被惊醒了，开小差的人思想也被拉了回来，都开始认真听讲师讲话。

结果，听众的注意力和理解度都得到了提高，讲座内容自然而然地"装"进了他们的脑中。

话虽如此，但如果讲师在讲座中一次又一次地用这种方法刺激听众的话，去甲肾上腺素就会"习惯"这种伎俩，听众对于讲师的"断喝"不再敏感，注意力也就难以提高了。

　　一般情况下，讲座中的平林都女士都是面带笑容、和蔼可亲，讲话也如同春风细雨。听众表现好的时候，她会大加表扬。也就是说，平林都女士大多数时候都会把听众体内分泌去甲肾上腺素的开关设置在"关闭"状态下。只有在听众走神的时候，她才会把那个开关"开启"。正是这种开与关之间的强烈反差，才让去甲肾上腺素发挥出了更强的作用。

　　有时我也会受邀为企业员工举办精神保健方面的讲座，我切身体会到，要使听众在整个 90 分钟的讲座内始终保持高度的专注力是不现实的。但时不时来一声"断喝"，确实有助于提高他们的注意力。

　　这个技巧也可以应用于工作。上司在指导部下工作时，将"表扬"与"批评"合理搭配使用，就可以提高部下对工作的专注力。

　　这一技巧之所以有效，其中的生理原理就是，人感到"恐惧"的时候，也是去甲肾上腺素分泌最旺盛的时候。更准确地说，去甲肾上腺素是当人直面"精神压力"时分泌的一种激素，而"恐惧"是一种强烈的精神压力。

　　不如"恐惧"强烈的精神压力，同样可以刺激去甲肾上腺素的分泌。

　　比如，当您主持一场工作会议的时候，如果突然指定某位员工发表意见，其他员工也会感到压力，心里在打鼓："下一个会不会让我发言？……"这种程度的精神压力，可以促进去甲肾上腺素的分泌，让人更加清醒，也更加专注。

　　不用发怒、不用批评也能提高人的注意力，在安静的场合忽然大喝一声，都能刺激人体去甲肾上腺素的分泌。

　　开会的时候，原本气氛平静、缓和，如果主持人忽然大声强调："这个非常重要！"听众肯定都会竖起耳朵来听。

　　再比如，在和客户谈生意的时候，我们不可能发怒，更没有理由斥责对方。但忽然大声强调某件事情，并不至于失礼，而原本漫不经心的客户，此时应该会认真起来。

2. 去甲肾上腺素适用于"短期集中""一举逆转"的工作

● "时间限制工作法"，大幅提升工作效率 ●

有机会的话您可以去书店翻阅一些介绍高效工作方法的书，您会发现很多这类书中都会提到同一种工作方法——先给工作设定一个时限，按照这个时限去努力，工作效率就可以大幅提高。

我们熟悉的典故"背水一战"、俗语"狗急跳墙"，说的是当人或动物被逼到一个极限状态时，就有可能发挥出超常的潜力。

实际上，人会出现这种反应，和去甲肾上腺素有着密切的关系。

想必每个人上学的时候，都曾为假期作业烦恼过。放假后，大部分人都是先玩个够，最后快开学的时候，再急急忙忙地赶作业。有的人甚至会在开学前的最后一天，一口气把所有暑假作业做完。您是否也有类似的经历呢？

为什么一直拖拖拉拉做不完的假期作业，能在最后一天都完成呢？

　　理由很简单，因为临近开学的时候，学生感觉到了压力。"如果今天不把所有作业做完的话，明天开学要被老师罚！"

　　类似的情况在工作中也经常出现。

　　"明天是交货期，如果不能按时完工交货，我们就要承担违约金。"

　　"今晚如果不把 PPT 做完，明天开会就麻烦了。"

　　"今天不把工作完成，那一个月来的努力就要打水漂了。"

　　当时间期限就在眼前的时候，人会感到不小的压力。虽然不至于到"恐怖"的地步，但也算陷入了"危机状况"，人必然会被紧迫感和压力支配。

　　这种时候，人体必然要分泌去甲肾上腺素。结果，人的注意力高度集中，全身心地投入工作，在短时间内就把任务完成了。

　　肯定有人会说，在那么短的时间内赶出来的工作，质量肯定不高。但根据我的经验来看，事实恰恰相反。

　　我曾经发布过一段时间的付费网络杂志，名叫《商务心理学拾趣》。这个网络杂志每月发布三期，每一期稿子的文字量都在两万字左右，如果用传统稿纸计算的话，一页 400 字，就需要 50 页，应该算比较长的文章了。

　　不过，每一期的稿子我只用两天就能写出来。

　　我想很多朋友都会对此感到惊讶吧，但实际上我能做到如此高效率地写稿，也经历了一个波折的过程。

　　一开始，我给自己制订的计划是每周写一篇杂志稿，但这样一来，我所有的时间就只能围着网络杂志转了，根本没有多余的时间和精力写其他稿子。而且，在实际操作过程中我发现，这样做的效率非常低，拖拖拉拉地需要整整七天时间才能写出一篇稿子。于是，我给自己定了一个新的时间表——只用两天时间完成杂志稿！

这样一来，以前我用一周时间才能写成的稿子，两天就写好了。文章的质量不但没有下降，反而还有提高。

网络杂志每一期的发布日期是固定的，如果不能在那一天发布稿子，我就得不到稿费。我给自己定的两天内写完稿子的时间限制，对我来说是一个不小的压力。

这个压力让我体内分泌了大量的去甲肾上腺素，写稿子时注意力更能集中到一点上，所以才能在短时间内写出高质量的稿子。

您在工作的过程中，也不能漫无目的，做多少算多少，那样的话，一项工作似乎永远也做不完。效率低下不说，质量也得不到保证。遇到这种状况的时候，不如给自己手头的工作设定一个时间限制，仅此而已，便能让自己的工作状态为之一变。

即使公司交给我们的工作没有时间限制，我们也应该为自己设置时间限制，这不仅是为了更好地完成工作，还为了工作得更快乐，因为速战速决总比拖泥带水给人带来的成就感大。

●　"去甲肾上腺素工作术"属于短期集中型　●

"公司即将调你去北海道分公司工作一年，希望你在那边也能拼命努力哟！"

听到上司这么说，您会做何感想？

一般人可能会想："拼命努力整整一年时间？恐怕我坚持不下来。"一种无力感从心中升起，因为一年这个时间段太长了。

但如果听到上司说："距离交货期限只剩一周时间了，大家要拼命努力呀！一定要按期完工！"大家应该不会感到绝望或无力，而是像打鸡血一样浑身充满了力量，为完成目标做好准备。

这一章为大家介绍的"去甲肾上腺素工作术"，简单地说就是巧妙利用恐惧心理和精神压力，提高专注力、工作效率的方法。

动脑想一想我们就能明白，用这种方法来提高工作效率，不可能长时间持续，它只适用于短期的重要工作。

上司严厉批评部下的错误，部下肯定会认真倾听。但如果上司每天都严厉地批评部下，部下会有什么样的感受呢？

"今天我又郁闷了……"

恐怕部下心里只会有这样的负面情绪，不可能激发工作上的干劲。虽然部下表面上不敢表现出不满的情绪，但心中肯定不胜其烦。有的部下甚至已经"习惯了"，会采取一种"自我保护"的方式，对上司的责骂左耳朵进右耳朵出。

去甲肾上腺素工作术最大的敌人就是"习惯"。

平林都女士的做法仅限于培训讲座过程中，使用的次数也是严格控制的，一场讲座中不可能多次对听众发怒。而且平林都女士的培训都是短期的，最长也只有两天，所以她刺激学生分泌去甲肾上腺素的方法取得了最大的效果。

体育界也有类似的情况。一些比较弱的球队总想以招聘"魔鬼教练"的方式来带领球队变强。在最初的一两年里，球队实力提升会比较显著，但随后便会马上失去上升的势头，难以继续突破。

风格凶悍的"魔鬼教练"，在训练的过程中对球员们毫不客气，动不动就会厉声责骂，整个球队的氛围立刻严肃起来，球员们专注于训练，实力也会随之提升。此时球员们训练的动机属于"去甲肾上腺素型动机"。

但长期如此的话，球员们慢慢就"习惯了"教练的刺激，不会再表现出起初那种明显的积极性了。而且，在这种情况下，教练的怒骂声只会让已经疲惫至极的球员们徒增"无力感"，不能再激发他们的干劲。

"公司即将调你去北海道分公司工作一年，希望你在那边也能拼命努力哟！"对于上司这样的要求，很多人都会感到无可奈何，就是因为他们本能地知道"去甲肾上腺素型动机"是不可能长期持续的。

说到底，去甲肾上腺素发挥作用，只限于"短期决战型"的情况。

一些企业为了削减人工成本而大量裁员，但又面临人手不够的问题，结果只能给一个人安排两个人的工作。长期让员工承担过重的工作任务，显然是不对的。

"去甲肾上腺素型动机"持续半年、一年，必定要出问题。员工中有的人身体崩溃了，有的人患了抑郁症。

　　"拼命努力"这种事情最多只能持续一个月，再长就会让身心的疲劳不断累积，不但工作效率会下降，健康也将受到损害。

3. 去甲肾上腺素和多巴胺要区别对待

● 寓言《北风与太阳》教会我们最理想的工作方法 ●

《伊索寓言》中有一篇题目叫《北风与太阳》，想必大家都读过吧。

有一次，北风和太阳比试谁的能力更强大。它们设计了一场比赛，"谁能让路上的行人脱下衣服，谁就更强大"。

北风首先登场，它卖力地刮着，想把行人的衣服吹掉。但是，因为北风太寒冷，行人把衣服裹得更紧了。北风无论如何也不能把他们的衣服吹下来。

接下来太阳出场，它把炙热的阳光射向大地，路人汗流浃背，难以忍受酷暑，自己就把上衣脱了下来。结果太阳获得了胜利。

当然，关于这则寓言有各种各样的解说，我认为这个故事恰好道出了去甲肾上腺素和多巴胺各自的作用。

人类行为的动机有两种类型：一种是"回避不快"，另一种是"追求快感"。

在《北风与太阳》中，北风大作的时候，行人为了抵御北风的寒冷（不快）而把衣服裹得更紧。另一方面，当太阳照得大地酷热难耐时，行人为了追求舒适的温度（快感），而主动脱去衣服。前者是"去甲肾上腺素型动机"，后者是"多巴胺型动机"。

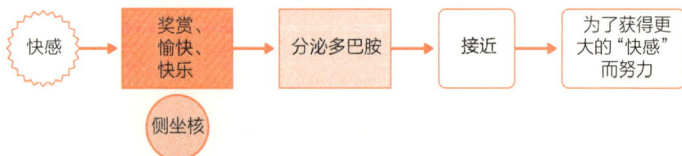

- **·去甲肾上腺素型动机**

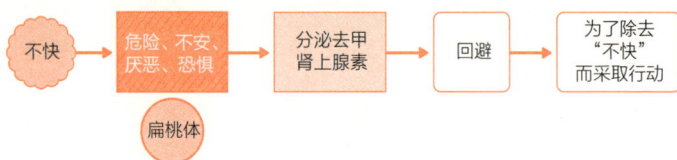

  为了逃避"恐惧""不快""批评""责骂"而努力。

- **·多巴胺型动机**

  为了追求"快乐""赞美""表扬"等奖赏而努力。

两种类型的动机

去甲肾上腺素型动机

| 不快 | → | 危险、不安、厌恶、恐惧 | → | 分泌去甲肾上腺素 | → | 回避 | → | 为了除去"不快"而采取行动 |

扁桃体

多巴胺型动机

| 快感 | → | 奖赏、愉快、快乐 | → | 分泌多巴胺 | → | 接近 | → | 为了获得更大的"快感"而努力 |

侧坐核

拿小学生的学习来说，"为了不被父母、老师批评而努力学习"属于"去甲肾上腺素型动机"；"为了得到父母、老师的表扬而努力学习"则属于"多巴胺型动机"。虽然都是努力学习，但内在动机却完全不同。

另外，"去甲肾上腺素型动机"是出于对危险、危机的回避，所以是速效性的，可谓立竿见影。另一方面，"多巴胺型动机"是从成就或奖赏中获得的，让人产生"下次我会更努力"的意愿，所以真正付诸行动还需要一点时间。也就是说，"多巴胺型动机"并不是即效性的。

由此可见，理想的工作方法，应该是短期内靠"去甲肾上腺素型动机"，长期则借助"多巴胺型动机"激励自己。促进多巴胺分泌的方法，在第一章中已经详细介绍过了。

● 与其烦躁地做，不如快乐地干！●

我有一个朋友是钢琴老师，前段时间，这位钢琴老师跟我聊天时谈起了一些苦恼。

"我发现，跟我学弹琴的孩子，如果母亲过于严厉的话，孩子大多学不好。面对这样的母亲，我该怎么和她们沟通呢？"

严厉的母亲一般对孩子的期望都很高，认为孩子既然学了弹钢琴就一定要学好，所以对孩子的要求也很严格。"这么简单的地方你都弹错！""不认真练习，就不让你学了！"她们经常会这样歇斯底里地责骂孩子。

当着钢琴老师的面这些妈妈都会毫不客气地责骂孩子，那么在家里的时候就不知道她们对孩子有多凶了。这样一来，孩子学弹琴的意愿当然会降低了。孩子只能在"不情愿"的情绪下被迫练琴。

严厉的家长大多还有一个通病，就是不管孩子怎么努力，都不会表扬孩子。孩子怎么可能开心地弹琴，怎么可能产生积极性？所以，学不好弹琴也是必然的。

如果陷入这种"恶性循环"，孩子早晚有一天会远离钢琴。

我们再来看看那些钢琴弹得好的孩子，他们的家长也有一些共通的特点，比如"在弹琴方面不会对孩子有太多细碎的要求""很善于赞美孩子"。

这样的家长，尊重孩子的自由意志。

对于孩子"喜欢弹钢琴"的愿望，这些家长只在背后默默地支持。孩子在弹琴时犯了小错误也不会遭到父母的严厉批评。"不练习是学不好的""你必须每天认真练习"，这些强制性的语言也不会出现在这些父母的嘴里。

而且，与"批评"相比，这些家长更重视"表扬""赞美"孩子。

智慧的家长应该懂得放手，懂得不失时机地赞美孩子，不会对孩子提过高的要求，也不会有不切实际的期望。他们和孩子保持适当的距离，不会太近，也不会太远，只让孩子感受到父母是自己坚定的支持者。

这种良性的亲子关系，也适用于上司与部下之间的交往。

去甲肾上腺素型的指导，也就是批评型的指导，绝对不可能长期有效。毋宁说，长期的批评、责骂，会使部下丧失工作意愿。

而且，平时犯一点点小错误就被严厉批评的话，那么在犯重大错误的时候，批评就会失去作用。批评指正部下的错误固然重要，但上司切忌每一天、每一次犯错都批评部下。

而多巴胺型的指导，即表扬型指导，可以让人长时间保持积极性。这种指导应用于孩子的教育，可以不断给他们的成长输送养料；应用于工作，则可以帮助部下获得一次又一次成功。

不管在教育还是工作中，我们都应该以多巴胺型指导为主轴，只有对严重的错误才采用去甲肾上腺素型指导。最重要的是，两种类型的指导要合理、平衡地运用。

● 从"两种动机"中寻觅无限商机 ●

两种类型的动机分别是"去甲肾上腺素型动机"（回避不快）和"多巴胺型动机"（追求快感）。在开发新商品等商务工作领域，上述两种动机也能给我们提供一些思路。

商品，我认为大体上可以分为两种类型："帮顾客消除不快、不方便的商品"和"给顾客带来快感的商品"。

以家用电器为例，洗衣机、吸尘器等就属于"帮顾客消除不快、不方便的商品"。如果每件脏衣服都用手洗，家里的卫生只能用扫把、拖布、抹布打扫的话，那家庭主妇的劳动量很大，太辛苦了。而有了洗衣机、吸尘器之后，主妇们轻松了很多。所以现在的家庭中基本上都有洗衣机和吸尘器。

而电视机就属于"给顾客带来快感的商品"。打开电视机就可以看到"有趣"的节目,观众获得快乐简直轻而易举。所以每个家庭中也基本都有电视机。

还有一些商品兼具"消除不快、不方便"和"带来快感"的功能。按我的说法,就是同时满足"去甲肾上腺素型动机"和"多巴胺型动机"的商品。

方便面就是这种"两全其美"的商品,既可以"帮我们省去做饭的麻烦",同时又很"美味",给我们带来味觉上的满足。

在日常生活中,如果您灵光闪现,突然想到某个东西可以给人们带来"快乐""趣味""方便",便可以沿着这个思路去开发新商品,没准能够热销呢。

如果生活中的某些地方令您感到"不方便""不舒服""很麻烦",您也可以沿着这个思路去挖掘,说不定就能发明出解决这些问题的新商品。

要说哪种商品对顾客的吸引力更大,我觉得应该是"帮顾客消除不快、不方便的商品"。因为现在人们的生活已经相当丰富,基本上没有太大的困难,而且"快乐"在生活中随处可得。这个时候,遇到一点不方便,人们就想尽快消除它,所以如果您能发明出消除不便的新商品,肯定马上就会受到大众的追捧。

这种思维方式也可以用于销售工作。首先分析一下您推销的商品,它们能"帮顾客消除不快、不方便"吗?还是能"给顾客带来快感"?找到这些关键点后,在向顾客进行推销的过程中,就可以抓住重点,从而抓住顾客的心。特别是一些能够帮助顾客消除不快、不方便的关键点，也许就是促进销售的催化剂。下面就给您列举一下全自动扫地机的推销话术。

"您每天用吸尘器做清洁是不是很麻烦？把所有房间都吸一遍，要花不少时间吧？而我们这个全自动扫地机可以把您解放出来，为您节省更多的时间。只要按一下开关按键，它就会自动把您家里的每个角落都清扫干净。这段时间您想去做什么都行，逛街、看电视、睡觉，随您高兴。"

这段推销话术就巧妙地利用了顾客的去甲肾上腺素型动机，是不是很有吸引力？

以脑科学的原理为武器，直击人的本性，销售业绩必定大幅提高！

4. "记忆力"与"抑郁症"竟然存在意想不到的关系

● 去甲肾上腺素对人的记忆力也有影响 ●

去甲肾上腺素除了对精神压力做出反应之外，在我们脑内还担任着另外一个重要的职责，那就是影响"工作记忆"。

所谓工作记忆，就是"大脑的笔记本"。您可以这样想象，就是我们大脑中一块短时间储存信息的空间。我们暂时把信息存储在这里，这些信息与人当前所采取的行动有一定的联系。

举例来说，朋友把他的电话号码告诉我，我得把这串号码记录到自己的手机通讯录里。"12345678"，在朋友报出电话号码之后，我至少需要 5 秒的时间才能把它存入手机通讯录。

这几秒的时间里，这一串数字就会暂时保存在我的工作记忆中。

但毕竟是暂时保存，时间一长就会忘记。

在我们的大脑中掌管工作记忆的是脑前额叶。

脑前额叶是人类大脑最发达的部位，大约占了大脑皮质的 30%。我们都知道，类人猿的脑也可以进行比较高级的活动，但它们脑前额叶的比例只有不到 10%。由此可见，我们人类的脑前额叶是地球生物中最发达的。换句话说，正因为拥有发达的脑前额叶，我们人类才得以区别于其他生物。

脑前额叶是脑内各种信息汇集的地方，掌管着"思考""决断""控制行动""控制感情""沟通交流"等人类大部分重要行为。

脑前额叶中也分布着神经，能够分泌多巴胺、血清素等，其中去甲肾上腺素和多巴胺与工作记忆的联系尤为紧密。

适量的去甲肾上腺素可以使人适度地兴奋起来，有助于工作记忆的正常工作。反过来，过量的去甲肾上腺素使人进入过度紧张状态，工作记忆无法正常工作，甚至完全不运转。

换句话说，去甲肾上腺素的活性度，决定工作记忆的运转状态。于是，影响去甲肾上腺素分泌的"精神压力"就成了我关注的焦点。

"精神压力"这个词总给人一种不好的印象，但适度的精神压力可以促进去甲肾上腺素的适量分泌。作为结果，我们的工作记忆被激活，头脑运转速度也得到提高，工作效率和质量自然随之提高。

东邦大学的有田秀穗教授出版过多部关于脑科学的著作，教授提出了一个很有趣的表现方式："多巴胺负责学习脑，去甲肾上腺素负责工作脑，血清素负责共感脑。"

正如有田秀穗教授所说的那样，去甲肾上腺素深入影响工作记忆，在我们从事的各种各样的工作中，都起到非常重要的作用。

● 从"漫不经心"的错误中寻找"抑郁症"的前兆 ●

给电脑增加一根内存条，我们就可以明显感觉到它的运行速度变快了。促进脑内去甲肾上腺素的分泌，提高专注力、工作效率，也是类似的原理。我们人类的工作记忆有点像电脑的内存，工作记忆的功能加强后，我们头脑的运转速度和工作效率自然会随之提高。

反过来，体内去甲肾上腺素的活力低下，工作记忆难以正常运转的时候，笼统地说就是一种"抑郁症"状态。

"抑郁症"有两个典型症状，一是"兴趣丧失"（意欲低下），二是"情绪低落"（情绪抑郁）。但在抑郁症的初期阶段，这两种症状可能不会太明显。而"注意力不集中"是很多抑郁症患者最初出现的症状。

脑内去甲肾上腺素活力低下的时候，负责临时储存信息的工作记忆也会出问题，表现出来就是人会经常"漫不经心"地犯些错误。具体例如，"在工作中常莫名其妙地犯一些简单错误""忘记重要的约会""听别人讲话总会漏掉一些内容"等。您有没有出现过类似的情况？

当然，上述这些征兆并不一定都和抑郁症有关，但至少说明人的大脑已经很疲惫了，脑内去甲肾上腺素活力低下或分泌不足。

当自己身上出现这些征兆的时候，人应该认真审视一下自己的工作、生活状态："是不是最近工作太忙了？""睡眠不足，休息不够吧？"如果不及时调整疲惫的工作状态，改变不良的生活习惯，继续任其恶化下去，真有导致抑郁症的危险。

关于抑郁症的致病原因，心理学界和医学界有多种不同的学说，无法简单用几句话解释清楚。我在这里斗胆用一句话简单概括一下：

从脑科学的角度说，抑郁症就是一种"体内去甲肾上腺素和血清素枯竭的状态"。

受到精神压力的刺激，脑内会分泌去甲肾上腺素。当我们在职场或生活中持续感受到比较强烈的精神压力时，去甲肾上腺素就处于一种"全力分泌"的状态。如果这种情况一直持续下去的话，去甲肾上腺素迟早有一天会枯竭的。

关于血清素的作用，我将在第四章中详细讲解，在这里先向您透露一点，我们把血清素称为"放松物质"，而"感受到精神压力的

人体对长期精神压力的反应

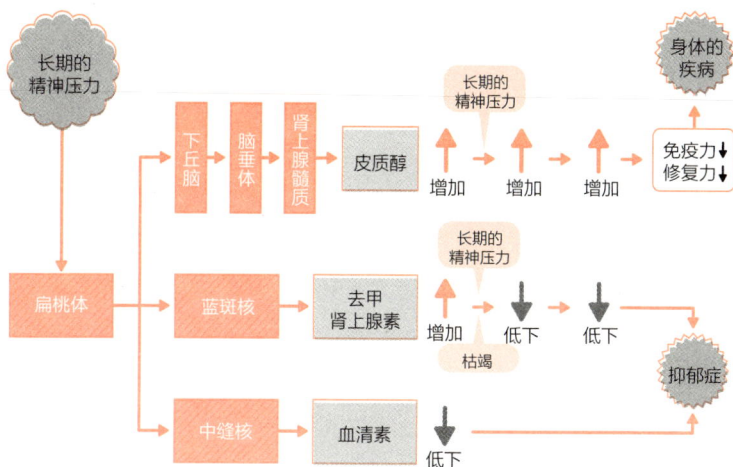

状态＝不放松的状态"，所以，如果人长期处于高度的精神压力之下，血清素就会一直处于活力低下的状态，时间一长这种低下状态就会固定化。

去甲肾上腺素和血清素的生成速度是有限的。如果分泌量（消费量）长期高于生成量的话，总有一天会枯竭。

而抑郁症状态下，人体去甲肾上腺素和血清素的生成速度本来就低下，所以更容易枯竭。

慢性的精神压力对去甲肾上腺素和血清素的生成和分泌都有影响。

脑内物质的生成和分泌存在个体差异。在同一单位工作，处于同等工作压力下的人，状态也不尽相同。有容易分泌去甲肾上腺素和血清素的人，也有不容易分泌的。在压力非常大的工作岗位上，有人患上了抑郁症，有的人则完全看不出有什么不良反应。

一个人因为工作原因患上抑郁症后，周围还会有人说闲话，说这个人"小心眼儿，想不开""没志气""就是个废物"……我觉得这样说是非常不公平的，也是不道德的。

有的人天生就对精神压力比较敏感，也有的人脑内物质的生成不够旺盛，这些生理学上的因素是导致抑郁症的重要原因，所以单单从精神因素上说抑郁症患者"没志气"是不公平的。而仅通过精神上的鼓励，让抑郁症患者"打起精神，克服困难"，也是不科学的。

●将"不想做的工作"顺利做好的技巧●

对上班族来说，与"喜欢做的工作"相比，恐怕"不想做的工作"更多一些。上司也好，客户也罢，总会给我们出些难题，但我们又不可能想不干就不干。

对于令人"不快"的工作，大体上有四种应对方法。

·借助去甲肾上腺素的"背水一战"效果，迅速将不喜欢的工作做完；

·在不喜欢的工作中找到令自己快乐的地方（利用"重新架构工作法"，将消极的思维方式转变为积极的思维方式。关于重新架构工作法，请参见第一章）；

·完成工作给自己奖赏，将不喜欢的工作转变为令自己快乐的工作；

·拒绝自己不喜欢的工作。

著名影星乔治·克鲁尼曾经主演过一部电影《在云端》（2009年），该影片曾获2010年奥斯卡金像奖最佳影片提名。这部电影的故事情节很有趣，但我最大的收获是发现了主人公保持工作热情的窍门。

电影主人公瑞恩是一名"裁员专家"。他的工作是为各地的公司解决麻烦，这个麻烦就是解雇员工，也就是说，瑞恩是一个向员工宣告解雇通知的人。

当瑞恩向员工宣布解雇通知的时候，对方的反应可想而知，不是当场痛哭就是勃然大怒。总之，瑞恩的这份工作充满了负能量，给自己带来的心理伤害也很大。

瑞恩心里很清楚这一点，但他还能一直保持很高的工作热情，为完成工作而四处奔波。换句话说，他能以十足的干劲坚持做这份令人"不快"的工作。

到底是什么动力在背后推动瑞恩前行的呢？要是换了别人，恐怕早就出心理问题了。

其实秘密就在瑞恩的飞行里程中。

乔治·克鲁尼饰演的瑞恩，每年有 322 天在出差，他乘坐飞机穿梭于美国各个城市之间，所以电影的名字叫作《在云端》。也因此，瑞恩在航空公司积累了惊人的飞行里程。

瑞恩有一个梦想，就是要积累 1000 万英里的飞行里程。

瑞恩的工作本身难以让他找到"喜悦感"或"成就感"，于是他就用独特的方法给自己精神上的奖励，以保持较高的工作热情。

所以，我们不妨向瑞恩学习，如果从工作本身找不到乐趣，可以向工作以外的地方寻找动力。

5. 在休息方法上下功夫，控制去甲肾上腺素的分泌

● "只要开心，工作再忙再累也没关系"只是不切实际的幻想 ●

精神压力得不到释放，持续累积的话，会使人体内去甲肾上腺素不足。长此以往，人还有患上抑郁症的危险。

为了避免这种情况的发生，人不能让自己长期背负精神压力。好好休息是排解压力最简单的方法。

近来，日本一些企业推行"快乐周一"制度，让员工享受周六、周日和周一的三连休。在一个周末派对上，我听到一位创业者对这种休假制度提出了反对意见，他说："最近大家休息的时间是不是太多了一点？我喜欢工作，希望工作时间更多一点。"

对于他的这种想法，我不能完全赞同。也许有人信奉一句话：喜欢工作的人绝不会得抑郁症。但我觉得并非如此，因为精神压力并不会因为人喜欢工作就不存在。

我有一位朋友 B 先生，就是一个特别喜欢工作的人，甚至可以称其为"工作狂"。连续几天的加班对他来说是家常便饭，即使在周末，大家都不去上班，他也会主动去公司工作。在他的生活中，永远把工作放在第一位。

每次遇见 B 先生，我都建议他："周末应该好好放松，释放一下压力。"但他总是不以为然，说："我太喜欢工作了，没有办法。因为工作很开心，所以我一点压力也没有。"

后来有一段时间没有听到 B 先生的消息，以为他一直忙于工作没时间和我联系。但后来才得知，他住进了精神病院，原来他得了抑郁症。

精神上的紧张，都属于精神压力。人需要适度的紧张，但不能一直处于紧张状态。所以，怎样合理安排休息，将自己从精神压力中解放出来，就显得尤为重要。

下班后的时间、周末的休息日，都是释放精神压力的"放松时间"，这样的时间段必须保证充分的休息。在放松时间段中，人体分泌去甲肾上腺素的开关被关闭了，以便为下一阶段去甲肾上腺素的分泌做准备。

我们应该明白张弛有度的道理，工作的时候就认真工作，但休息的时候也应该彻底放松。休息的时候，人紧绷的神经就会松弛下来，把积累的压力都释放掉，给去甲肾上腺素的生成留出足够的时间。

● 智能手机的开关 = 分泌去甲肾上腺素的开关 ●

如今已经进入移动互联网的时代，智能手机成了人们生活中的一件必不可少的"装备"。

前段时间，我和几个朋友一起去泡温泉。结果，在泡温泉的时候，其中一位 D 先生埋头看了 30 分钟手机。

来泡温泉，我们大家的初衷就是好好放松一下，但这位 D 先生，一直没有忘记工作，身体泡在温泉里，却用手机查阅着电子邮件。请大家想一下，这样泡温泉能起到几分放松的作用？

注意某件事。

意识到某件事。

头脑中一直有个念头。

这些都是大脑工作记忆处于运转状态的表现。"会不会收到工作邮件？"只要头脑中有这样的念头，那工作记忆就在运转中。当然，脑内也在分泌去甲肾上腺素。

难得的放松之旅，试着把手机关机如何？

工作开关的开与关，直接关系着去甲肾上腺素分泌开关的开与关。希望大家在休息的时候，把这两个开关都关闭。

我抛开工作，进行长期旅行的时候，每天只有早上会用手机查阅一下工作邮件，其他时间是绝对不会用手机工作的。因为既然出来旅行，就开心地玩。

跟我有 20 多年交情的老朋友 Y 先生，是一位作家。他更绝，他曾经发表宣言说："我出去旅行的时候，根本不带手机。"

Y 先生是一位人气作家，写出来的书都很畅销，所以平时有很多出版社跟他约稿，工作异常忙碌。如果不带手机的话，他的工作和生活都无法正常进行下去。

也正因为如此，如果在旅行中 Y 先生带了手机的话，那途中必定会收到工作电话或邮件，这样一来，旅行的乐趣也就大打折扣了。所以，在进行私人旅行的时候，Y 先生基本上都会把手机放在家里。

我猜可能很少有人能做到 Y 先生这么洒脱，但休息的时候不带手机绝对是个好习惯。虽然长时间不带手机不现实，但在一两天的短途旅行中，您可以体验一下不带手机的感觉，一定会让您的旅行更开心。

完全忘记工作，把分泌去甲肾上腺素的开关也关闭，这才是理想的休息方式。

● 在"普通的食物"中就可以找到合成去甲肾上腺素的原料 ●

人一日三餐摄取的食物，也会影响去甲肾上腺素的合成与分泌。某些食物中含有合成去甲肾上腺素的原料，多吃这些食物有助于我们身体制造去甲肾上腺素，从而提高专注力和工作记忆的功能。

合成去甲肾上腺素有一种名为"苯丙氨酸"的氨基酸必不可少。所谓必不可少，是指缺少了它就无法合成去甲肾上腺素，其他氨基酸无法替代它的位置。如果不通过食物摄取苯丙氨酸的话，人体就会出现去甲肾上腺素不足的情况。

肉类、鱼贝类、大豆制品、南瓜、蛋类、乳制品、坚果类（杏仁、花生等）都含有苯丙氨酸。

这些都不是什么特殊食物，在我们的日常生活中比较常见。所以，只要一日三餐正常吃饭，人体不会缺少去甲肾上腺素的合成材料。但如果偏食、挑食，或者为减肥而节食，则可能出现问题。

另外，身体在利用苯丙氨酸制造去甲肾上腺素的时候，还离不开维生素C。即使原料再充足，如果没有维生素C当"催化剂"的话，人体也无法正常合成去甲肾上腺素。

芹菜、青椒、莴笋等黄绿色蔬菜，以及柠檬、草莓、橙子、葡萄、柿子、猕猴桃等水果都富含维生素C。市面上也有一些营养药物，号称一片营养药抵得上100个柠檬的维生素C含量。但是维生素C摄入过多的话，对身体也没有什么用，因为过剩的维生素C只需几小时就会被排到体外。所以，我认为通过药物补充维生素并没有太大的实际意义，只要把一日三餐吃好，做到营养均衡就足够了。

在第四章讲血清素的时候，我们还会认识另外一种氨基酸——色氨酸。色氨酸是合成血清素必不可少的原料。网络上流传一种说法，说苯丙氨酸和色氨酸对"预防和治疗抑郁症"很有效，于是含有苯丙氨酸和色氨酸的补药热销。

但是，在大规模的医学研究中，并没有研究结果显示这些补药对预防和治疗抑郁症有效果，至少我没有见到相关的论文或报道。

另外，也没有实验数据显示，服用含有苯丙氨酸的补药后，人体会生成更多去甲肾上腺素，能让人的注意力有所提高。

虽说苯丙氨酸不足的话，会引起人体合成去甲肾上腺素的功能降低，但过量摄取的话，并不能提高合成去甲肾上腺素的功能。

由此可见，通过正常饮食摄取必需的氨基酸和维生素是最理想的。任何补药都比不上营养均衡的"普通饮食"。

第二章

—— **总　结** ——

- 人处于"战斗还是逃跑"的岔路口时，脑内会分泌去甲肾上腺素。

- 恐惧、不安等能促进去甲肾上腺素的分泌，使人的专注力、清醒度都有所提高。

- 由去甲肾上腺素激发的工作热情，只有在短期内使用才能收到最好的效果。

- 设定时间限制，可以大大提高工作效率。

- 合理、平衡地使用多巴胺型指导（赞美、表扬）和去甲肾上腺素型指导（批评）。

- "回避不快"的去甲肾上腺素型动机，蕴含着无限商机。

- 总是"莫名其妙地犯错"是大脑疲劳的证据，说明人该好好休息了。

- 人即使快乐地工作也会产生精神压力，注意不要工作过度。

- 心中想着工作，就会产生精神压力，所以在休息的时候，就该忘掉工作，减少看手机的时间和次数。

肾上腺素工作术

把"愤怒"和"兴奋"变成朋友！

Business skills using Adrenaline

1. 日本人非常熟悉的一种脑内物质

● 不断刷新世界纪录的秘密 ●

在 2008 年北京奥运会上，获得女子撑竿跳高冠军的是俄罗斯美女选手伊莲娜·伊辛巴耶娃。在体育界，曾经有人把 5 米当作"女性运动员永远无法逾越的一个极限高度"。但伊辛巴耶娃就成了世界上第一个跳过 5 米高度的女性撑竿跳高运动员。而且在整个职业生涯中，她先后 28 次打破室内、室外女子撑竿跳高世界纪录。在北京奥运会上，她更是以 5.05 米的好成绩再次刷新世界纪录。

日本著名主持人明石家秋刀鱼先生曾经主持了一期奥运特别节目，并请到了伊辛巴耶娃当嘉宾。节目中，主持人问伊辛巴耶娃："你到底能跳多高？在训练的时候应该能跳到 5.20 米吧？"结果伊辛巴耶娃的回答出乎人们的意料。

"我可跳不了那么高。训练中最多跳到 4.80 米左右。因为训练不会像比赛那么兴奋，分泌不出那么多的肾上腺素。而且在平时训练中我也没有必要挑战更高的高度，反复做好基础训练才是最重要的。"

听了伊辛巴耶娃的这番话后，我对她佩服得五体投地。

多次刷新世界纪录的运动员，如此懂科学！懂得肾上腺素在训练和比赛中的差别，从而可以科学合理地安排训练和面对比赛。

当人感到恐惧或不安的时候，交感神经会向肾上腺髓质发出分泌肾上腺素的指令。肾上腺素是一种帮助人"战斗"的激素。

当肾上腺素被释放到血液中后，人的心跳速度会加快，血压会上升，以便将血液输送到肌肉中。同时，血糖升高、瞳孔扩大，头脑变得更加清醒，专注力提高，让身体和大脑做好"临战准备"。

读到这里，也许您会感觉这肾上腺素和上一章介绍的去甲肾上腺素差不多呀。肾上腺素和去甲肾上腺素名字确实相近，而且都是我们为了逃避恐惧和危险而分泌的激素。

肾上腺素的合成过程

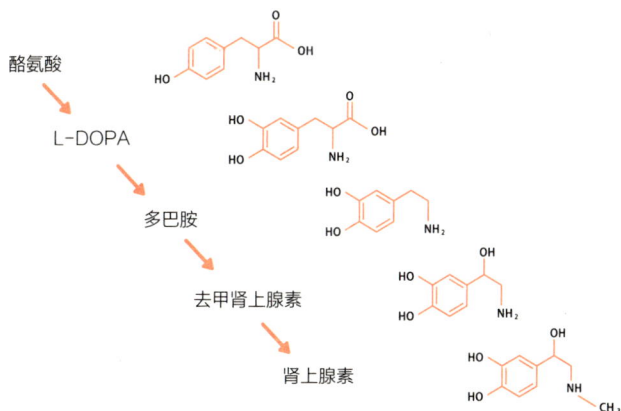

酪氨酸

L-DOPA

多巴胺

去甲肾上腺素

肾上腺素

但两者并不完全相同。去甲肾上腺素和肾上腺素作用的主要部位不同。去甲肾上腺素主要作用于脑和神经系统，而肾上腺素主要作用于脑以外的身体各个内脏器官，特别是心脏和肌肉。

去甲肾上腺素、肾上腺素以及第一章讲过的多巴胺，都属于使人兴奋的神经递质，而且它们之间存在密切的联系。

肾上腺素的合成过程为"酪氨酸→L-DOPA→多巴胺→去甲肾上腺素→肾上腺素"。在肾上腺髓质中，去甲肾上腺素转化成肾上腺素。

说得更详细一点，除了肾上腺以外，交感神经末梢也可以分泌去甲肾上腺素，肾上腺素则只能由肾上腺分泌。

去甲肾上腺素和肾上腺素的受体在脑内和全身都有分布。不过两种受体的分布比例有所不同，去甲肾上腺素的受体在脑内分布更多，而肾上腺素的受体在身体内脏器官中分布更多，尤以"心肌"和"平滑肌"最多。也正因为这样，肾上腺素主要发挥作用的地方是心脏和肌肉。

另一方面，肾上腺素与"增强注意力""加深记忆"也有深入的联系，也就是说，肾上腺素对脑内的神经机能也有着重要的作用。

● 在美国，肾上腺素不用"Adrenaline"这个英文单词？ ●

在日本和欧洲，肾上腺素使用"Adrenaline"这个英文单词，但美国人把肾上腺素叫作"Epinephrine"。前一章出现的去甲肾上腺素，在美国叫作"Norepinephrine"。

首先发现肾上腺素的其实是日本人。在 1900 年，日本人高峰让吉第一个从牛的肾上腺中析取出肾上腺素的结晶体。高峰让吉还是日本理化研究所的创立者之一，另外他开发出了强力消化剂——高峰淀粉酶，为世人做出了重大贡献。

几乎在同一时期，美国、德国等国家也在做类似的研究。美国有位科学家名叫约翰·雅各布·阿贝尔，他从羊的肾上腺分离出肾上腺素，并将其命名为 Epinephrine。所以，在美国把肾上腺素称为 Epinephrine 是主流。

2011 年上映了一部电影——《高峰让吉：让樱花盛开在美国的男子》，讲的就是高峰让吉的生平，以及他发现肾上腺素的经过。在当时那个年代，日本人和美国人结婚还很少见，高峰让吉就娶了一位美国太太，并移居美国继续研究生活。这部电影作品惟妙惟肖地描绘了高峰让吉那丰富的人生和鲜明的性格。

提到电影，我又想到一部，那是 2006 年上映的美国电影《怒火攻心》，由杰森·斯坦森主演。这部电影的日文译名就叫作《肾上腺素》。

影片的主角杀手查夫一天清晨被一通电话惊醒，原来是他的宿敌维罗纳打来的。维罗纳告诉查夫："你已经在睡眠中被注射了致命毒药，只能再活一小时。"

延缓毒药发作的方法只有一个，就是让身体不停地分泌肾上腺素。于是，查夫奔走在洛杉矶的大街小巷，不停地运动、与人打斗、做爱……

所有让自己兴奋的手段都用上了，目的就是让身体持续分泌肾上腺素。同时，他还要找到仇人维罗纳，报仇雪恨。

这是一部略带惊险的B级动作片，其中紧张的情节十分吸引人，"主角必须持续分泌肾上腺素，否则就得死"的设定非常新颖。不管怎么说，看了这部电影之后，起码您能了解刺激肾上腺素分泌的方法。

此电影的日文译名是《肾上腺素》，可见"肾上腺素"这个词在日本人中还是比较熟悉的。

确实，在日本人的日常生活中，也常能听到有关"肾上腺素"的表达方式，比如"急得我肾上腺素都出来了""拿出肾上腺素来，发挥出最高最平！"。日本音乐家山崎将义还曾经写过一首歌就叫《肾上腺素》。

日本还有一个词叫"肾上腺素嗜好者"，是指那些在平静的日子中已经找不到满足感，转而追求兴奋、惊险、刺激生活的人。

比如有人喜欢跳伞、蹦极、越野摩托车等极限运动，这些运动无不充满了惊险与刺激。也有一些人的这种嗜好表现在工作中，他们无法忍受清闲的工作，喜欢从事风险性高或限期紧的工作，休息日也以上班为乐，不加班就浑身不自在。

一般来说，我们常说的"肾上腺素都出来了"是指"神经兴奋，情绪高涨"的状态。但这样的时候，我们体内的肾上腺素到底是怎么工作的，它又在发挥着什么样的作用呢？且听下节分解。

2. 分泌肾上腺素，提高身体能力！

● 帮选手室伏斩获金牌的"怒吼" ●

室伏是日本一名著名的链球运动员，比赛中他每次出场投球前，都会大吼一声，相信很多朋友在电视转播的比赛中见识过室伏的"怒吼"。不只是室伏，很多投掷项目的运动员都会在比赛前大声吼叫。

可他们为什么要大声吼叫呢？

很多人都认为赛前大声吼叫是给自己加油鼓劲，更多的是心理作用，实际并不全是如此。赛前大吼，更主要的是为了刺激体内肾上腺素的分泌。

大声吼叫可以给人的大脑以刺激，促进肾上腺素的分泌。"赛前怒吼"的效果，也被科学家通过实验进行了证实。

在其他运动项目中，运动员也经常会用大声吼叫的方式来提高"战斗力"。

比如排球比赛，在比赛开始前，或暂停结束后，队员们都会围拢到一起，伸出手叠在一起大喊一声"Fight!"（拼了！）或"加油！"。棒球运动员也是一样，通过比赛前的大吼，鼓舞士气、团结一心。

格斗或剑道比赛，选手们也会在攻击瞬间或攻击间隙发出大吼。大吼能刺激肾上腺素的分泌，而肾上腺素不仅可以提高选手精神上的专注力，还能提高肌肉力量和反应速度。

在工作中，当一个团队准备开始一个大项目的时候，大家也会聚拢到一起齐声高喊："加油！加油！"工作中不需要增加肌肉的力量，但需要肾上腺素，它可以提高人的专注力和判断力。所以，通过大吼提高能力的方法，在工作中同样有效。

只不过，要想通过大吼来刺激肾上腺素分泌，"音量"很关键，声音必须足够大。只有像室伏那样气沉丹田，然后从腹腔深处向上爆发出来一声大吼，才能刺激肾上腺素的分泌。

所以，要喊就请大声喊出来！

● 身陷绝境，将危机转变成良机 ●

肾上腺素的效果，大体上可以分为如下两种。

· 短时间内提高身体机能和肌肉力量（对身体的作用）

· 提高专注力和判断力（对大脑的作用）

我曾看过这样一则报道，说在一场火灾中，一位老婆婆竟然从着火的家中背出了一个大箱子，里面装满了她的贵重家当。要放在平时，那位婆婆无论如何也背不动那么大的一个箱子，正应了那句俗话——火灾见蛮力。这个"蛮力"的来源其实就是肾上腺素。

　　一些棒球选手说："比赛中我能看到球以慢镜头的速度飞过来，所以我能接住它。"也有拳击选手说："比赛的时候我看对手的出拳都是慢动作，所以我能躲过。"这种现象也可以认定是肾上腺素的影响。身体分泌肾上腺素的状态下，人会感觉时间变慢。

　　但有一点需要提醒大家注意，肾上腺素的效果最多只能持续30分钟。

　　棒球运动员在比赛前围在一起大吼："加油！加油！"可以促进体内肾上腺素的分泌，但肾上腺素的作用无论如何也无法维持到比赛最后。所以，遇到危急时刻再使用"怒吼"的方法刺激肾上腺素分泌，效果更佳。

　　比如，在比赛临近结束的时候，本队只要再得1分就可以获胜，或者再失1分就注定败北。这个时候教练往往会请求暂停，然后把队员们聚拢到一起面授机宜，告诉他们获胜的技巧。然后队员们便会同声大吼："加油！必胜！"这种做法一方面可以增强队员们心理上的团结意识，另一方面，对他们身体和大脑的机能都有很大的提高作用。

　　"危机也是良机"是我们常说的一句鼓励人的话，从脑科学的角度分析，这句话确实很有道理。当人身陷"危机"的时候，会感到"恐惧"和"不安"，大脑受到这个刺激便会分泌肾上腺素和去甲肾上腺素。结果，在这些脑内物质的作用下，人获得了超越平时的身体机能和超强的专注力、判断力，自然就能发挥出超越以往的水平，也就是人们常说的"潜能被激发出来了"。

另外，人在愤怒的时候也会分泌大量的肾上腺素。

以格斗比赛为例，对战的选手在赛前都会用眼神、言语甚至肢体动作进行相互挑衅，同时也表现出自己的愤怒。

他们故意把自己逼到愤怒的状态，为的是刺激肾上腺素的分泌，最终目的是增强肌肉的力量，激发身体潜能。

●兴奋过头，也会带来难以控制的坏影响●

当人兴奋到一定程度的时候，心脏就开始怦怦乱跳，浑身出汗，手心和腋下甚至会被汗水浸湿。而且，这种状态下人的大脑可能会失控。

出现这种征兆的时候，多半是因为"肾上腺素分泌过剩了"。有些发挥失常的运动员会在赛后说："比赛的时候不知为什么肌肉十分僵硬，想好的动作也做不出来了。"这可能是由于过度紧张或过度兴奋，血压升高，使输送到肌肉的血液过多。肌肉无法正常工作，也就不可能发挥出正常运动水平。

虽说"危机也是良机"，但在危急情况下，如果人的精神压力过大，那么肾上腺素也可能起到负面作用。

在格斗比赛中，我们也常能见到选手因为兴奋过度（愤怒过度）而失控的场面。以拳击比赛为例，规则规定一方倒地另一方就不得再对其进行攻击，攻击倒地的对手有可能被判输。但有些失控的选手，将对手击倒后还上前大肆攻击，就像疯了一样。从脑科学的角度说，这可能就是肾上腺素分泌过剩造成的。

赛后，当失控选手冷静下来后，常常后悔地说："当时我头脑中一片空白。"这就是肾上腺素分泌过剩的恶果。

适量分泌肾上腺素，可以提高人的肌肉力量和专注力，可以使选手发挥出高于平时水平的能力。反之，如果肾上腺素分泌过剩的话，人就会因为丧失理智而失控，做出自己都不能理解的事情来。还有一种可能，就是肌肉变得僵硬，无法发挥出正常水平。

前面讲过，任何一种脑内物质，重要的是适量与平衡，肾上腺素也是如此。请大家一定不要忘记，过度分泌肾上腺素，只会带来不好的结果。

3. 控制好分泌肾上腺素的开关

● 人绝对不能连续奋战 24 小时 ●

曾经有一家功能性饮料的厂商打出了这样一句广告语：

"你能连续工作 24 小时吗？"

白天拼命工作，晚上还通宵加班。在某些人的价值观中，这种连续 24 小时奋战在工作前线的人非常帅，是勤奋工作的象征，是人生奋斗的楷模，甚至把他们称为"企业战士"，加以崇拜。

但是我要告诉大家，一个人绝对不能连续工作 24 小时。

肾上腺素，是帮助人们战胜危机的重要脑内物质，但另一方面，肾上腺素的过度分泌会使心跳急剧加速，使人陷入极度紧张的状态，从而失去理智，甚至做出不可理喻的事情。

肾上腺素对我们来说到底是敌人还是队友呢？

如果要让我说结论的话，我认为肾上腺素既可能是我们"强有力的队友"，也可能是"致命的敌人"。

　　肾上腺素还被人们称为"胜负物质"。当深陷危机，需要与困难决一胜负的时候，肾上腺素就可以帮我们激发出身心的潜能，以战胜困难。从这个角度来说，肾上腺素无疑是我们"强有力的队友"。

　　肾上腺素的魅力就是它可以让我们发挥出超越平常的能力。也正是被这种魅力吸引，人会不断想向肾上腺素求助。

　　如果人把快感都寄托在肾上腺素上，就会不断去追求惊险、恐怖和刺激的体验，也就变成了前面我所说过的"肾上腺素嗜好者"。

　　连续 24 小时工作。

　　喜欢加班到深夜的自己。

　　嘴上随时挂着"我最喜欢工作"。

　　周末也要去公司上班才能感到满足。

　　这样的人就是"肾上腺素嗜好者"。再进一步发展下去的话，很可能患上"工作依赖症"。

　　因为我从事的是精神诊疗的工作，所以遇到这类患者的时候我都会劝他们："工作不要过度，放松也很重要。"但听到的大多是他们的反驳："喜欢工作不是好事吗？我想，选择什么样的生活方式是我个人的自由吧！"

　　选择什么样的生活方式当然是个人的自由，别人无权干涉。但是，长时间持续刺激自己的身体分泌大量的肾上腺素，迟早会生病的。有的人甚至因此突发心肌梗死或脑出血而离世。

　　喜欢持续奋战在工作第一线的"肾上腺素嗜好者"的生活方式是十分危险的。虽然当前会感觉很充实，但殊不知这样会给身心埋下"炸弹"。这样的生活方式，很容易诱发心脏疾患、脑出血、癌症等恶性疾病，同时也是造成抑郁症等心理疾病的原因。

原因就在于肾上腺素，肾上腺素还有一个名字叫作"压力激素"。

● 肾上腺素不仅有"天使的面孔"，还有"恶魔的面孔" ●

压力激素有几种。

肾上腺素和去甲肾上腺素就是压力激素中的一种，受到精神压力的刺激，它们会立即分泌。

当精神压力过大，肾上腺素和去甲肾上腺素也无法对付的时候，腺垂体就会分泌"ACTH"（促肾上腺皮质激素），同时，肾上腺会分泌"皮质醇"。

在应对精神压力的时候，肾上腺素和皮质醇就好比"身心的急救队"。肾上腺素是压力激素的先头部队，皮质醇则是后发部队。当然，后发部队的力量更加强大。

压力激素，听起来像是个"反面角色"，但实际上，压力激素能作用于我们的循环系统、内分泌系统、免疫系统等全身各个系统，担负着从精神压力中保护我们身体的作用。从这个意义上说，压力激素应该是"正面角色"。

我们任何人每天都会分泌肾上腺素和皮质醇。皮质醇每天早上会大量分泌，然后分泌量逐渐减少，到了夜晚就不分泌了。肾上腺素也

人体对精神压力的反应

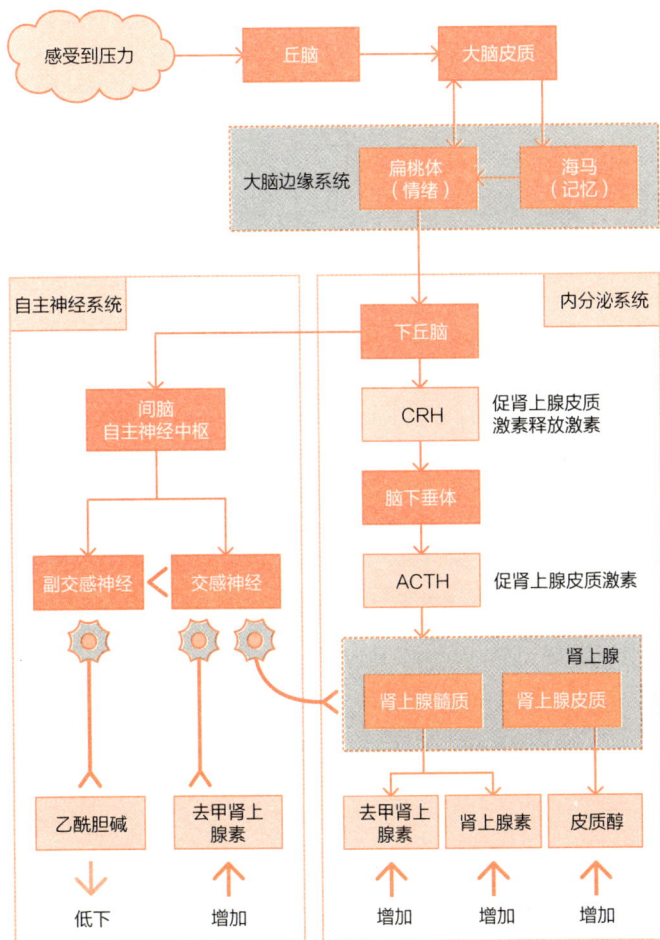

注：为了便于读者朋友理解，上图将实际的神经系统和脑功能进行了简化

是白天分泌量大，夜晚分泌量少。这种昼夜往复的身体机能的规律性叫作"生物钟"。

也就是说，我们白天的生活充满了精神压力，所以为了保护自己，白天会分泌肾上腺素和皮质醇。身体在白天分泌肾上腺素和皮质醇，是我们的正常生理反应，并不存在"恶意"。

但是，如果到了夜间，我们血液中皮质醇的含量依然很高的话，就会给身体带来各种各样不良的影响。皮质醇具有"免疫抑制作用"，皮质醇大量分泌会使身体免疫力下降，容易引起感染。皮质醇还会抑制淋巴细胞的机能，减弱身体对癌细胞的免疫力，从而使患上癌症的风险增高。

再有，皮质醇还有抑制胰岛素的作用，体内皮质醇长期大量分泌的话，就会造成肥胖、糖尿病等疾病。科学家查明，抑郁症患者体内的皮质醇也有偏高的倾向，目前还不能否定皮质醇与抑郁症没有直接关系。

我们人类是白天活动的动物，夜晚需要休息。一天中随着时间的改变，体内会分泌不同的激素，这就是我们相对固定的身体运转程序。

本来白天已经应付了很多精神压力，如果晚上还要面对压力的话，那么"身心的急救队"就会处于疲于奔命的状态。本来，肾上腺素和皮质醇在白天是守护我们的"天使"，但到了晚上则会变身成伤害我们的"恶魔"。

所以，到了晚上我们不应该人为增加肾上腺素和皮质醇的分泌。方法其实也很简单，就是彻底地放松和休息。

加班到深夜、放纵的夜生活，都使我们的神经一直处于紧张状态，同时也使肾上腺素和皮质醇"恶魔"的一面显现出来。想要保持身心健康的话，就应该改变这样的工作、生活状态，该工作的时候工作，该休息的时候一定要充分休息。

我们全身的各个器官，都由自主神经控制。自主神经分为"交感神经"和"副交感神经"。

交感神经是"白天"的神经、"活动"的神经。

副交感神经是"夜晚"的神经、"休息"的神经。

〜〜〜〜　交感神经与副交感神经的平衡　〜〜〜〜

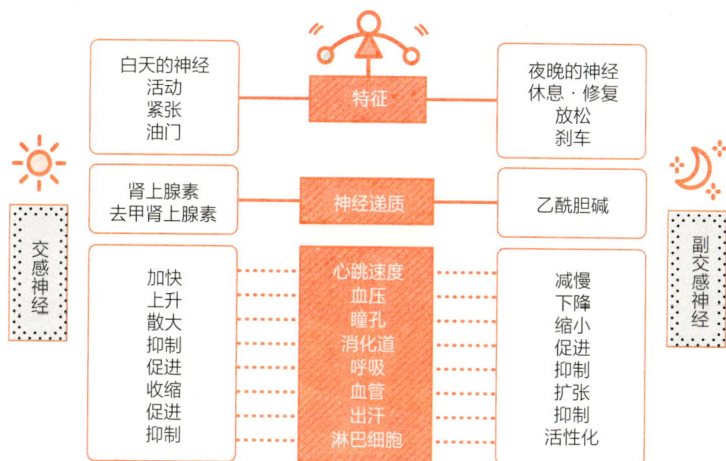

交感神经		特征		副交感神经
	白天的神经 活动 紧张 油门	特征	夜晚的神经 休息·修复 放松 刹车	
	肾上腺素 去甲肾上腺素	神经递质	乙酰胆碱	
	加快 上升 散大 抑制 促进 收缩 促进 抑制	心跳速度 血压 瞳孔 消化道 呼吸 血管 出汗 淋巴细胞	减慢 下降 缩小 促进 抑制 扩张 抑制 活性化	

我们人类，在白天交感神经处于主导地位，使全身的各个器官处于积极工作状态。但到了晚上，副交感神经就会掌握主导权，将人体切换到"休息模式"。白天高负荷工作的身体器官，在夜间进行休息、

修复。

大家可以想象一下高速公路夜间封闭养护的情景。白天，大量的汽车行驶在高速公路上，对路面造成一定的伤害，晚上就是养护道路、修补损伤的时候。同样的事情每天也在我们身体内发生。

控制自主神经的主要脑内物质有肾上腺素、去甲肾上腺素、乙酰胆碱。其中，肾上腺素作用于交感神经。所以，如果晚上也大量分泌肾上腺素的话，人体的各种器官就得不到休息和修复，免疫力也会下降。

我们应该为肾上腺素的分泌设置一个开关，白天打开，夜晚关闭。交感神经和副交感神经同样需要一个切换开关，交感神经白天打开、夜晚关闭，副交感神经白天关闭、夜晚打开。

● 最后成功的，都是善于利用休息时间的人 ●

所谓的"热爱工作的人"，大体上可以分为两种。

一种是工作就大刀阔斧地工作，在事业上取得了很大的成功，而且健康长寿的类型。另一种则是工作异常努力，加班加点，但是在事业的高峰期，也就是 40 ~ 50 岁的年龄段，突然因心脏病、脑血栓或癌症而病倒的人。

都是"热爱工作的人"，为什么会有如此大的差别呢？这天堂与地狱的界线到底在哪里呢？

"生病的人可能是运气太差吧。"

肯定有人会这么想，但我觉得这绝不是简单的"运气"问题。

几乎所有的疾病，特别是成年人的慢性病，基本上都是不良的生活习惯引起的，比如过度劳累、长期精神紧张、休息不足、睡眠不足、运动不足、偏食挑食等。不良的生活习惯，是各种疾病的元凶。

我很喜欢一个电视访谈节目——《智者流》（东京电视台）。主持人船越英一郎先生每次都会采访一位成功人士。被采访的嘉宾都是近期的话题人物或是某个领域的佼佼者。

类似的人物访谈节目有很多，但《智者流》的独特之处就在于它把焦点放在了成功人士的业余时间上。

在节目中我们可以了解到成功人士白天努力工作的状态，也能见识他们晚上和周末的生活方式。抓紧零散时间休息，业余时间从事自己的兴趣爱好，周末和家人共享天伦之乐，假日与朋友结伴出游……

在《智者流》中出场的成功人士，都是把业余时间过得丰富多彩的人。这让我深切感到，最会工作的人肯定也是最会玩、最会休息的人。

人生不只有工作，业余时间一定要有自己的休闲方法，要学会在两者之间切换。业余时间高质量地放松、玩乐，会增强人的活力和想象力，反过来对工作也有促进作用。

真正的成功人士，白天努力工作，晚上和周末则会彻底放松，他们正是"肾上腺素工作术"的优秀践行者。

● 关闭肾上腺素开关的"七个习惯" ●

一天之中，人要有足够的时间抑制肾上腺素的分泌，也就是人为地关闭肾上腺素开关，让自己得到充分的放松。只有这样才能让交感神经把主导权让给副交感神经，从而在夜晚进入深度睡眠。

为此，每天晚上入睡前 2 ~ 3 个小时的生活方式异常重要。具体地说，请大家注意以下几个生活习惯。

（1）晚间减少兴奋型的娱乐活动

肾上腺素大量分泌的状态，就是因兴奋、刺激，心脏怦怦乱跳的状态。比如，在玩刺激的电子游戏，看动作电影、恐怖电影时，人就处于这种状态。

唱卡拉 OK 在很多人眼中是释放精神压力的好方法，但是，在唱那些"劲歌"的时候，和前面讲过的"赛前怒吼"有同样的效果，反而会刺激肾上腺素的分泌。

我非常喜欢看电影，也喜欢玩电子游戏、唱卡拉 OK。但是，在夜晚，特别是深夜，我绝对不会参与这类兴奋型的娱乐活动。

（2）注意泡澡、淋浴的水温

晚上下班回家后，泡个热水澡或冲个热水淋浴，是一件多么惬意的事啊！但是，水温一定要控制好。因为水温的高低，会刺激到不同的神经。水温过高，会刺激交感神经，反而不利于休息。

一般来说，水温 40℃是一个临界点。如果水温超过 40℃，就会让交感神经处于主导地位，低于 40℃的温水则会让副交感神经开始工作。

所以，喜欢水温较高的朋友，建议你们在睡前两小时把澡洗完。喜欢洗温水澡的朋友，则可以在睡前洗。温水刺激副交感神经，更有利于睡眠。

（3）睡前不要做激烈运动

也许有人和我一样，在下班之后会顺便到体育场运动一下。这是个好习惯，保证足够的运动，让身体和精神更有活力。但是，时间一定要控制好，太晚就不要运动了，比如晚上 10 点以后。如果激烈运动之后，回家马上睡觉，那么交感神经还处于兴奋状态，根本难以入眠。

所以，睡前两小时内不要进行激烈运动。比如，如果您一般晚上 11 点睡觉的话，那么晚上 9 点以后就不要进行激烈的锻炼了。

但是，像拉伸运动、瑜伽等轻量运动可以在睡前进行。这些运动可以帮助我们放松肌肉，让副交感神经工作起来，有助于睡眠。另外，在睡前运动中推荐采用缓慢的深呼吸、腹式呼吸。

（4）不要加班太晚

有人晚上会在公司加班到很晚，一直工作到末班地铁的发车时间，搭乘末班地铁回家。然后再在地铁站的便利店买些方便食品充饥，回家洗个澡就睡觉。

这样一来，在睡前的两三个小时里，人还在工作，直到睡前，身体都在交感神经的掌控之下。躺在床上之后，副交感神经也不可能马上进入工作状态。

保持紧张状态入睡，即使睡眠时间足够长，也无法充分消除疲劳，第二天起床还是感觉浑身疲倦、头脑昏昏沉沉。所以，连续加班到很晚的人，身心的疲惫会不断积累，迟早有一天会造成大问题。

（5）给自己留出"空白时间"

人每天都需要一定的"空白时间"，可以什么都不做，只发呆，也可以懒洋洋地想做什么就做什么。

看似这是在浪费时间，但"什么也不做的随意时间"对关闭分泌肾上腺素的开关有着至关重要的作用。

"空白时间"可以听听轻松的音乐，或者享受香薰带来的芬芳，对放松身心都十分有效。

也有的人下班回家之后，想放松的时候，不经意间就把电视机打开了。实际上看电视放松的效果并不好，因为有些电视节目会让人兴奋。

　　我们人类获取的外部信息有 90% 来自视觉。为了处理视觉接收的信息，大脑需要耗费相当大的能量。白天，大脑为了处理庞大的视觉信息已经劳累不堪，如果回家后再盯着电视看，只能让大脑更加疲惫。

　　所以建议大家回家后不要看电视，让视觉和大脑真正地放松下来。在精神放松的同时，副交感神经也开始发挥主导作用，有助于我们进入深度睡眠。

（6）和家人、朋友共度好时光（通过交流沟通治愈疲惫的心）

　　晚上下班后和同事、朋友一起外出小聚，吃点消夜、喝点小酒，是种不错的放松方式。人与人之间的交流、沟通，可以缓解心灵的疲惫、治愈内心的伤痛。和知心好友敞开心扉畅谈人生，和更多人交朋友，构建丰富的人际关系，可以把我们从紧张和兴奋中解放出来。

　　此时，重要的是和谁在一起，谈些什么。

　　曾经有一次我去居酒屋喝酒，隔壁一桌三个上班族也在喝酒聊天。他们聊的都是公司和上司的坏话，而且情绪很激动。其实，这样根本达不到放松的目的。他们来喝酒，本来的目的肯定是消除压力、放松身心，但他们的思维还是没有从工作中脱离出来。可以说，虽然人在居酒屋喝酒，但他们的心仍处于工作状态，紧张依然在持续。

　　"愤怒"是一种和肾上腺素有着密切关系的情绪。带着怨气说公司和上司的坏话，是刺激肾上腺素分泌的行为。偶尔说一下别人的坏话，完全可以理解，但要天天说别人坏话，而且以此为乐的话可就麻烦了。因为说别人坏话本身就是一种精神压力，这样做会持续刺激肾上腺素的分泌。

所以，下班后小聚，最好找与工作没有直接关系的朋友，即使是同事聚会，也不要再谈工作上的事情了。抛开工作，才能彻底停止肾上腺素的分泌。

（7）要有主动休息的意识

日本的大部分上班族都很上进，或者说生活压力很大，所以努力工作的意识很强烈。但反过来，主动休息的意识却几乎为零。

从不想着主动休息的生活，结果必定会熬坏身体，损伤心灵。在发达国家中，日本人的自杀率是最高的，我想这是"重视工作、轻视休息"的价值观所造成的必然结果。

健康的身体是一切的基础，整天生病的话又何谈工作呢？而健康的基础是休息，所以，与工作相比，我们更应该重视休息。为了明天更好地工作，今天晚上必须尽早关闭肾上腺素分泌的开关，让身心得到彻底的休息。

4. 紧张和不安是可以人为控制的！

● 把心脏怦怦乱跳看作"即将成功"的预兆 ●

在重要会议上发言，在公司全体员工面前做演讲……在日常工作中我们常会遇到类似的"大场面"。此时，任何人的心中都难免产生紧张和不安。

当人紧张的时候，心脏就会怦怦乱跳。日本人性格内向的比较多，所以大多数人不善于应对这份紧张，心脏怦怦乱跳的时候总是不知所措。可能有人认为这是自己"肾上腺素分泌过度"造成的。

我建议这样的朋友，没有必要过分担心自己的紧张。因为紧张的时候，心脏怦怦乱跳，可以帮您发挥出十二分的能力。而且这正是"成功"的预兆。

人紧张时心脏乱跳，是因为紧张这种精神刺激刺激人体分泌了一种名叫"儿茶酚胺"的物质。

儿茶酚胺现在被当作药物使用，对于那些心脏功能比较弱的患者，医生会给他们开儿茶酚胺。另外，对于心肺暂时停止工作的患者，医生也会把儿茶酚胺作为心肺复苏的急救药物使用。肾上腺素是儿茶酚胺的一种，所以人体分泌肾上腺素的时候，心脏就会跳得厉害。

在重要的会上，自己即将发言的时候，会感到非常紧张，此刻身体就会分泌肾上腺素和去甲肾上腺素。结果，人的体力和专注力都得到了提高，使身心做好临战准备。虽然心脏乱跳是紧张的证据，但我们不妨换个角度认识这种现象——大脑和身体已经进入可以发挥最高机能的状态。

总之，我们应该积极乐观地去面对紧张情绪。当众发言前面红耳赤、大汗直冒，我们可以想："这次我一定会比以往发挥得更好！"身陷危机时心脏乱跳，我们可以想："这是我能顺利渡过危机的预兆！"

"心脏怦怦乱跳，是即将成功的预兆。"

紧张的时候，您可以把这句话当作一句咒语，在心里反复默念。如果您了解了脑内物质的工作原理，就不会再对紧张感到恐惧了。

● 控制紧张最简单的方法——深呼吸 ●

了解了脑内物质工作的原理，我们就不再惧怕紧张，但我们该怎么应对怦怦乱跳的心脏呢？有没有办法让自己平静下来？其实，有一种非常简单的方法可以解决这个问题，那便是深呼吸。

"紧张的时候就深呼吸。"

这句话我们常能听到，但很多人认为这不过是一句咒语或迷信，最多具有一点心理效果，所以真会付诸实践的人很少。但实际上，这种方法是有科学根据的，是最简单有效的"紧张缓和法"。

当您处于极度紧张的状态，心脏剧烈跳动的时候，请深呼吸。

下面我给您具体讲解能够抑制肾上腺素分泌的正确的深呼吸法。

防止肾上腺素过度分泌的深呼吸法

（1）首先，正直站立；

（2）有意识地将身体重心放在肚脐以下15厘米的地方，收紧肛门括约肌；

（3）用鼻子吸气，再用鼻子呼气；

（4）深吸气5秒，屏住呼吸一小会儿，再深呼气7秒。

这是筑波大学征矢英昭教授发明的深呼吸法。反复做几次之后，您的情绪就会逐渐平复下来，心跳也不再那么剧烈了。

● 乘坐拥挤的地铁会造成巨大的精神压力 ●

我早年生活在札幌，2007年移居到东京。但时至今日，我对东京上下班高峰期的地铁还是心有余悸。有人甚至把拥挤的满员地铁比作"沙丁鱼罐头"，因为人与人之间几乎没有任何间隙。因为工作的关系，

　　有时我也不得不在上下班高峰期乘坐地铁，在拥挤的地铁中真的令我很不舒服。但我很幸运，只是偶尔才会乘坐满员地铁。而那些每天不得不在高峰期乘坐满员地铁的上班族，才真的很辛苦。因为在拥挤的地铁中人会产生很大的精神压力。

　　在拥挤的地铁中我们常能见到发生冲突的乘客，原因基本上都是"你的提包挡路了""你踩到我的脚了""你挤到我了"……人在拥挤的地铁中，会因为一点小事就火冒三丈，而在平时，日本人是不会轻易发火的。

　　脾气再好的人，被"塞进"满员地铁后，都会感到焦躁不安，容易发怒。

　　在一项研究中，科研人员对"临战状态的战斗机飞行员""准备出击的特种部队战士"和"乘坐满员地铁的上班族"进行了心跳、血压的测定，并对测定结果进行了对比。

　　数据显示，"乘坐满员地铁的上班族"无论是心跳速度还是血压值都比其他二者更高，这说明他们承受着更大的精神压力。由此可见，在高峰期乘坐地铁，人们承受的心理压力比想象中更大。

　　瑞典的科学家也曾以地铁乘客为对象进行过研究，分析拥挤的状况对人的身心会造成什么样的影响。结果发现，从中途车站挤上拥挤地铁的乘客相比从起点站上车且有座位的乘客，尿液中的肾上腺素浓度更高。

　　还有科学家做过这样的实验，在狭小的笼子中以较大的密度饲养老鼠，结果发现这些老鼠血液中的肾上腺素浓度异常高。而且，它们之间相互撕咬的攻击性行为也大为增加。如果在同一个笼子中进一步增加老鼠数量的话，这些老鼠会出现同类相残和雄性老鼠进行同性交配的情况。

这些研究结果都表明，人在拥挤的满员地铁中出现焦躁不安、易怒等精神状况，和肾上腺素存在一定的关系。

因精神压力而分泌的肾上腺素，对人和动物的肉体也会造成影响。

近年来很流行吃"跑山鸡""走地鸡"或"土鸡"。很多餐馆、居酒屋都推出了以"跑山鸡"为原料的菜品。所谓"跑山鸡""走地鸡""土鸡"，就是在开放环境中散养的鸡。与之相对的是养鸡场中饲养在狭小鸡笼中的"肉鸡"。相比之下，肯定是"跑山鸡"更好吃。

有研究数据显示，在饲养场密集饲养的猪、牛、鸡等家畜、家禽，血液中肾上腺素或皮质醇的浓度非常高。这些家畜、家禽被关在狭小的笼子中，长期处于无法自由运动的状态，承受着相当大的精神压力，所以肾上腺素和皮质醇浓度才会那么高，因为肾上腺素和皮质醇就是"压力激素"。

皮质醇具有抑制免疫的作用，所以，如果动物长期大量分泌皮质醇的话，就容易受到感染，从而患上各种各样的疾病。为了防止饲养的家畜、家禽生病，以提高产量，赚取更多的利润，饲养者会在饲料中加入抗生素和各种营养素。而这样饲养的家畜、家禽，一旦离开抗生素或营养素，就会立刻生病。

一边是长期食用含有抗生素的饲料，无法自由运动，承受巨大精神压力的家畜、家禽，一边是可以自由活动，吃着纯天然绿色有机食物的家畜、家禽，哪个的肉更好吃？我想不用亲自品尝也能猜出答案。其实，"密集环境＋运动不足＝不健康"的公式对我们人类来说同样成立。

每天乘坐拥挤的地铁往返于家和公司，根本没有充足的运动时间，上班族的这种生活方式和养鸡场中饲养的"肉鸡"有什么区别呢？所以，我建议上班族朋友尽量想些办法改变自己的生活状态，适当增加运动量是必须的，同时，每天可以早起半小时，赶在高峰期之前乘上地铁，就不用跟那么多人一起当"罐头中的沙丁鱼"了。

●《死亡笔记》中的 L，喜欢用甜食来"驱动"大脑 ●

日本漫画《死亡笔记》累积发行册数已经超过了 3000 万，非常受读者的喜欢。该漫画还被改编成了动画片、电影、电视剧。在《死亡笔记》中，为了追捕连环杀人犯"基拉"，出现了一位天才侦探——L。

L 有个比较特殊的爱好，只要一有闲工夫，他就开始往嘴里送糕点、糖果等甜食，喝咖啡的时候，也要加很多糖。可以说，L 是一个不折不扣的"甜食党"。

看《死亡笔记》漫画的时候，我就对 L 喜欢甜食的行为感到好奇，后来拍的电影《L 改变世界》（2008 年）对他嗜好甜食的原因进行了解释。

"因为对大脑来说，糖分是重要的营养源。"

葡萄糖，几乎是大脑唯一的营养源。蛋白质、脂肪等营养物质，并不能直接作为能量源被人脑使用。所以，当我们处于低血糖状态时，大脑的机能就会下降，还会引起烦恼不安的情绪。

为了维持大脑的正常运转，就需要不断为大脑补给葡萄糖。所以，脑活动量巨大的 L，很喜欢吃甜食。可见，作者对这个人物特点的设定，还是有科学依据的。

另外，人在肚子饿的时候会出现焦躁不安的情绪，这和肾上腺素还有深刻的联系呢。

空腹状态持续一段时间之后，人体的血糖值就会降低，大脑机能也会有下降的危险。出于自我保护，我们的身体会分泌一些激素使血糖值升高，以避免出现极端低血糖的症状。

使血糖值上升的激素有"胰高血糖素""肾上腺素""糖皮质激素""生长激素"。而且，当人陷入低血糖状态时，上述激素是按"胰高血糖素""肾上腺素""糖皮质激素""生长激素"的顺序先后分泌的。也就是说，当我们的肚子空了一段时间，血糖降低之后，为了升高血糖值，身体会分泌肾上腺素。

这种情况下，身体分泌肾上腺素的目的是提高血糖值。但是，您不要忘记，肾上腺素还被称为"战斗激素"，它可以使人烦躁不安、容易发怒。

当人处于紧张、兴奋的状态时，肾上腺素所造成的焦躁情绪并不会表现得太明显，因为紧张、兴奋的情绪相对更为强烈一些。可是在平时，我们的情绪比较缓和，为了提高血糖值而分泌的肾上腺素所造成的烦躁感就会特别明显。所以，人在饥饿的时候容易发火。

有些公司喜欢在下午临下班前召开会议，虽然本意是想在下班前这个时间限制内迅速结束会议，但实际操作中却总会使会议拖延很久，甚至开到晚上。这样的会议，不但不容易产生建设性的意见，还会让与会者产生激烈的矛盾分歧。

从肾上腺素的角度考虑，我们也能发现在这个时间段开会存在弊端。傍晚时分，人本该吃晚餐了，但这个时候他们却在饿着肚子开会。为了提高血糖值，身体会分泌肾上腺素，而肾上腺素使人烦躁不安，怎么可能安心开会？

所以，如果遇到不得不在傍晚或者晚上开会的情况，与会人员应该先吃点东西填饱肚子，以防止肾上腺素带来坏影响。

我有位朋友 T 先生，每次听说我下午要去开会，都会给我的包里塞些巧克力、小点心之类的甜食。他真是一位体贴的朋友。甜食可以防止低血糖出现，也就可以防止肾上腺素分泌，从而提高会议的质量。

另外，有些上班族朋友习惯不吃晚饭在公司加班，很晚回到家后再吃饭。这种习惯我不赞成。

　　因为空腹加班会出现两种不良状况，一是低血糖造成头脑不灵活；二是肾上腺素使人烦躁不安。这两种不良影响同时发挥作用，肯定会导致工作效率低下的结果。空腹加班可能会让加班时间拖得更长。

第三章

——— 总　结 ———

- "胜负物质"肾上腺素，与兴奋、愤怒紧密相关。
- 肾上腺素可以瞬间提高我们的身体机能。
- 发自腹腔深处的大声吼叫，可以刺激肾上腺素的分泌。
- 陷入危机不要轻易放弃！胜负物质肾上腺素将会救您！
- 心脏怦怦乱跳正是即将成功的征兆。
- 深呼吸可以平息过度的紧张、兴奋。
- 在拥挤的地铁中会刺激肾上腺素的分泌，给人施加很大的精神压力。
- 白天努力工作，夜晚要关闭肾上腺素的开关，彻底休息。
- 关闭肾上腺素开关的"七个习惯"：1.晚间减少兴奋型的娱乐活动；2.注意泡澡、淋浴的水温；3.睡前不要做激烈运动；4.不要加班太晚；5.给自己留出"空白时间"；6.和家人、朋友共度美好时光；7.要有主动休息的意识。

第四章

血清素工作术

利用"治愈物质"提高上午的工作效率、转换心情

1. 仅仅是改变起床习惯，就可以让工作时间变得轻松愉快！

● 用好"早晨的黄金时间"，工作效率可提高 3 倍 ●

有很多介绍工作方法的书中都提到了早晨时光的重要性，甚至还有专门研究"早起工作术"的专题。如果您读过很多著名经营者的自传，也许会发现其中很多成功人士都有一个共通点——他们的生活模式都属于"早起型"。

可以毫不夸张地说，起床的早晚，直接关系着工作效率的高低。从医学角度也可以证明这一点。

早晨起床后的两三个小时，被称为"脑的黄金时间"。这段时间是头脑最为清醒、活跃的。在这个时间段里我们做了些什么，将直接决定这一天里我们将要完成的工作量，以及工作的质量。

拿我来说，我会利用早晨的黄金时间创作稿件。

我也曾经尝试过在晚饭后或深夜里写稿子，可在那样的时间段里，坐在书桌前拿起笔来，往往不知从何写起。但在早上起床后的黄金时间里，一口气写上一二十页，并不是什么难事。

早晨写作，不仅写得快，而且我觉得文章的质量也相当高，简直是文思如泉涌。根据我个人的经验，早上黄金时间的工作效率要比其他时间高3倍。

但非常遗憾的是，在头脑最为活跃、创造性最高的早上黄金时间段里，很多日本人正在拥挤的地铁或电车里赶着去上班。

大多数日本上班族早上的时间安排是这样的：7点起床、洗漱、吃早饭，8点出门，9点到公司。起床后两小时的黄金时间，没有任何"生产性"。而在拥挤的地铁中摇晃一小时，到达公司之后，人已经进入一种疲惫的状态，再开始工作，其效率可想而知。

所以，对上班族来说，要想把起床后两小时的黄金时间利用好，那就要比现在提前两小时起床。

早点起床，可以在上班之前为自己赢得一些"个人时间"。而这段时间正是头脑最灵活的时间，可以用来读书、学习、自我充电，也可以为今天的工作做一个计划。您会发现此时无论学习还是工作，效率都会超出您的想象。当大脑略感疲劳的时候，正好也到了该出门上班的时间，乘地铁的时候听听音乐，放松一下大脑，为接下来的工作做好充分的准备。

早晨提前起床赢得的这两小时时间，一般不会有人打来电话，室外也很安静，所以更容易让人排除杂念，专注于工作、学习。

您可能想象不到，二三十年前的我，可是迟到的"惯犯"，人们都叫我"迟到超级达人"。

上中学的时候，早晨我都会睡到上课前的最后一刻，然后急匆匆地起床穿衣、洗漱。基本上每天都是伴随着上课的铃声，以冲刺的速度冲进教室的。

这样的贪睡习惯，我自然没有吃早餐的时间。空着肚子，一上午我的头是昏昏沉沉的，哪儿还有心思听老师讲课？上课的时候不是发呆就是打盹。

当我进入社会，成为一名医生以后，我才意识到这样的生活习惯太糟糕。所以，关于有效睡眠的方法和上午时间的使用方法，我还专门进行了学习。

我学到了一种科学的"起床法"，通过实践这种方法，我真的克服了睡懒觉的习惯，而且，在上午的时间里，我可以把大脑的机能发挥到极致，让工作效率成倍提升。

爱睡懒觉的人，并不是偶尔哪天早上睡不醒，而是早已形成了这样的习惯，清晨是必然起不来的。所以，只有主动去改变生活习惯，让自己的生活更加自然、更加健康，才能改掉睡懒觉的毛病。

克服睡懒觉习惯的关键在于一种脑内物质——血清素。

当人体分泌血清素的时候，人就会充满朝气——今天我也要努力哟！身体充满力量，跃跃欲试，头脑也异常清醒。总之，就是为立刻投入工作做好了身心的准备。

另外，血清素的合成与分泌随着太阳的升起变得旺盛起来，而从下午开始减退。而在"non-REM睡眠状态"（非快速眼球运动睡眠状态，即所谓的"深度睡眠状态"）下，血清素是完全不分泌的。

由此可见，血清素是一种控制"睡眠"和"清醒"的脑内物质。

● 要想获得成功，请拉开窗帘睡觉！ ●

当我还是一个爱睡懒觉的"瞌睡虫"的时候，发生了一件令我自己也备感惊讶的事情。一天清晨，我竟然比以往提前很长时间自然醒来，而且醒来时头脑异常清醒。

那个时候将我唤醒的不是闹钟，而是"早晨的太阳"。前一天晚上睡觉时，我忘记了关窗帘，清晨第一缕阳光从窗子照进来，把我唤醒了。

透过窗子射进来的清晨的阳光照在身上的感觉十分舒服。那天我竟然比以往早醒了两小时。

从那以后，睡觉时我就再也不关窗帘了。结果神奇的事情发生了，我再也不睡懒觉了。每天很早就能自然睁开眼睛，而且醒来时不会觉得昏昏沉沉，而是十分清醒。

发现这种早起的方法对我来说是一个意外。但通过我的观察发现，周围有不少人早就掌握了这种好习惯。

本田直之先生在其著书《55个法则让麻烦的事情变得简单》（大和书房）中就提到了拉开窗帘睡觉的方法。我心中暗喜，原来自己和本田直之先生有同样的好习惯。

开着窗帘睡觉，第二早上起床时头脑会非常清醒。其实，这个效果也是拜血清素所赐。

太阳升起，阳光的刺激会从视网膜传导到我们大脑中的"缝线核"，血清素便开始合成。然后，血清素产生的刺激脉冲会传递到整个大脑，让大脑进入清醒状态。

如果把我们的大脑比喻成一支管弦乐队，那么血清素就相当于乐队的总指挥。

看过管弦乐队表演的朋友都能想象到，当指挥挥动指挥棒的时候，乐队才开始演奏。清晨，我们大脑的运转也和管弦乐队相似。在光的刺激下，血清素首先被激活，在血清素的指挥下，整个大脑从休息状态复苏，开始运转起来。所以，血清素是"愉快一天"的第一缔造者。

反过来，如果血清素分泌不足的话，人的心情就会很郁闷。"什么事也不想做""不想从被窝里出来""就想一直睡下去"……这些心理状态都是血清素分泌不足的证据。这种状况长期持续的话，人就有患上抑郁症的危险。

我们都知道，抑郁症患者有一个共同的特征，就是早上不想起床。他们缺乏兴致，没有精神，更没有活力。

举个例子，假设我们把闹钟设定在早上 7 点。

第一种情况，关闭窗帘睡觉。即使到了早晨太阳已经升起来，室内还是比较暗。到了 7 点，即使闹钟把我们吵醒，我们的大脑仍然处于睡眠状态。

而血清素这种脑内物质会对大脑发出指令："该起床啦！"

血清素只有在受到日光刺激的时候，也就是从拉开窗帘的那一刻起，才开始合成。而只靠闹钟把我们吵醒，在醒来的那一刻，我们体内的血清素水平是非常低的，几乎为零。

在这种情况下，我们会自然而然地产生"再睡一会儿""不想起床上班"的想法，因为此时的体内基本上没有血清素。

第二种情况，拉开窗帘睡觉。早上6点左右，朝日初升，室外已经亮了起来。阳光照进卧室，哪怕人还处于睡眠状态，阳光依然能对人产生刺激。也就是说，在7点闹钟响起之前，人体已经开始合成并分泌血清素了。大脑已经收到"开始运转"的指令，所以，也许在闹钟响起之前，人就可以自然醒来，并且醒来时十分清醒，感觉自己这一晚睡得真舒服。

如果我们用0到100的数值对血清素的活性度进行量化，睡眠中血清素的活性度为0，白天活跃时间的血清素活性度为100，那么被闹钟吵醒的人强迫自己起床的时候，血清素活性度基本上处于0的状态；但开着窗帘睡觉的人，起床时血清素活性度已经达到了10。0和10看起来差距并不大，实际上却会给人接下来的活动造成很大的影响。

您可以想象一下F1赛车。出发的绿灯亮起之前，就位的各辆赛车的引擎已经开始嗡嗡作响。当发车灯变为绿色的一瞬间，各位赛车手都猛踩油门，赛车一齐冲出起跑线，不断加速至最高速度。在发车之前赛车的引擎已经预热，做好了发车的所有准备，所以才能在比赛开始时以最快速度冲出去。

关着窗帘睡觉，早晨被闹钟吵醒，就像 F1 比赛中发车灯亮了才开始发动引擎，不能马上把速度提起来也是理所当然的事情。不仅如此，在引擎没有预热的情况下就猛踩油门的话，还会给引擎带来巨大的负担，很有可能造成引擎熄火。

因此，我建议大家拉开窗帘睡觉，早晨太阳升起的时候，让阳光刺激血清素的合成与分泌，提前为大脑预热。这样，当我们醒来的时候才能以最佳状态面对一天的工作、生活。

● 醒来只是睁开眼睛，也有助于头脑恢复清醒 ●

每天拉开窗帘睡觉，渐渐您就能养成清晨自然醒来的习惯。在闹钟响起之前，您就可以轻松起床了。

但是，即使早上自然醒来，也不要马上起床。

每天早上醒来后，我都会睁着眼睛再躺 5 分钟。这是为了进一步提高血清素的活性度，而继续接受阳光的刺激。

睁开眼睛躺在床上，我会想"今天我要做些什么呢？"，然后想象今天也会是美好的一天，并把有可能发生的好事都尽量详细地设想出来。

这样做可以让头脑进一步清醒，同时也会产生"今天也要努力"的热情。接下来，摆脱被窝的束缚就变得很简单了，我甚至会想马上冲出被窝去做我想做的事。

所以，醒来后睁开眼睛躺 5 分钟，能让您一天过得更轻松。

但我想也有很多朋友会在闹钟响起后，再闭上眼睛躺一会儿，说不定一闭眼又睡着了。即使不再睡去，心里也会纠结不已："我是该起床，还是再小睡一会儿呢？"最终，还是敌不过上班就要迟到的压力，而鼓起勇气睁开眼睛钻出被窝。

这种挣扎着起床的人，在起床的前一刻还一直闭着眼睛，所以接受的阳光刺激很少，脑中的缝线核没有得到充分的刺激。

这样一来，即使昨天晚上拉开窗帘睡觉，也无法充分激活血清素。所以，我建议大家在醒来后不要急着起床，而是睁开眼睛再躺 5 分钟。

我把这个起床方法发表在自己的网络杂志上，结果受到了很多网友的质疑和反驳。

确实，对住在一楼的女性朋友来说，晚上拉开窗帘睡觉不太安全。遇到这种情况我建议大家换上比较薄的窗帘，至少让清晨的日光可以透进来一些。即使透进来的阳光不多，也至少比完全黑暗好。在早晨醒来后，可以立刻拉开窗帘，然后再回到床上睁开眼睛躺 5 分钟。

也有网友提出，可不可以不拉开窗帘，但醒来后马上打开房间的电灯。说实话，我不太推荐这种做法。

血清素开始合成的条件是在"照度 2500 勒克斯以上的环境中至少待 5 分钟"。

说专业术语您可能不好理解，我来做个形象的对比。2500 勒克斯，基本上就是早晨太阳光的照度。中午室外的阳光照度可以达到 10000

勒克斯，而傍晚的阳光照度大约为 1000 勒克斯。

家庭室内荧光灯的照度一般只有 100 ～ 200 勒克斯。很亮的荧光灯最多也只有 500 勒克斯。

有些商店里会安装很多电灯，甚至让我们感觉有点耀眼，但那里的照度也就在 800 ～ 1800 勒克斯。一般家庭都不会安装照度为 2500 勒克斯的电灯，所以，要想通过室内电灯来刺激血清素合成是不现实的。

由此可见，还是早晨晒日光浴更为重要。只要拉开窗帘，自然就可以享受到免费的日光浴。

也有的朋友所住的公寓采光较差，还有的朋友卧室窗户朝西，早上享受不到朝阳的恩赐，遇到这种情况怎么办？我建议这样的朋友起床后先出去溜达一圈，借散步的机会让大脑预热。

● 提高血清素活力的方法只有三个 ●

虽然拉开窗帘睡觉的习惯可以给我一个清醒的早晨，但也有些朋友试用了这个方法后，早上醒来头脑依然昏昏沉沉的。

这并不意外，因为日光浴只不过是激发血清素开始合成的一个信号。只靠开着窗帘睡觉，就想让血清素在早晨源源不断地分泌，是不可能的。

醒来之后的行动，也会极大地影响血清素的分泌。

血清素分泌旺盛的话，人的兴致会很高，行动也更有活力，能获得充沛的精力以应对繁重的工作。

而且，只有在大脑预热的状态下，才谈得上"早晨的黄金时间"。否则，虽然早上有时间工作、学习，但那并不是高效率的黄金时间。

反过来，如果人长期处于血清素分泌低下的状态，就会得抑郁症。所以从这个角度说，有意识地、积极地在生活中刺激血清素的分泌，还能防止抑郁症的发生。

提高血清素活力的方法有三个。

（1）日光浴

（2）有节奏的运动

（3）咀嚼

第一种方法就是"日光浴"，前面已经讲过了。

第二种方法"有节奏的运动"，就是可以和着"1、2、1、2"的节奏所做的运动。

具体讲，比如散步、慢跑、爬楼梯、深蹲、左右扭脖子、游泳、高尔夫挥杆练习、深呼吸等。

另外，虽说叫有节奏的运动，但也不一定非要活动胳膊、腿。有节奏地大声朗读、唱卡拉 OK 等也能促进血清素的分泌。

在此我特别推荐的是早晨散步。大家可以在早上起床之后，外出快步走 15 ~ 30 分钟。早晨散步，既可以享受日光浴，又做了有节奏的运动，对提高血清素的活力有一石二鸟的效果。

另外，有节奏的运动最少需要持续 5 分钟，但也不能太长。运动太长时间，会造成精神的疲劳，反而起到反作用。所以，早上的散步最好不要超过 30 分钟。

第三种方法是"咀嚼"，就是吃东西的时候细嚼慢咽。人在咀嚼的时候，咀嚼肌会有节奏地收缩、松弛，也相当于一种有节奏的运动。吃早饭的时候，一口嚼上 20 次就可以达到效果。

咀嚼的方法看似简单，但实际上很多人做不到。

因为早上实在太忙，很多日本人都有不吃早饭的习惯。要么就用麦片粥或营养饮料充饥，这类流体食物基本上不用咀嚼，所以也无法很好地刺激血清素的分泌。

很多爱睡懒觉的人，早上会很慌乱，没有时间慢慢享用早餐。如此生活的人，第一没法在早晨享受日光浴，第二又不能细嚼慢咽地吃早餐，在早上就错失了两种非常有效地刺激血清素分泌的方法。这样的生活习惯不仅不利于健康，还难以使人高效率地工作。

如果早上实在没有时间吃早饭的话，至少可以在上班的路上嚼块口香糖吧。

在观看棒球联赛的时候，我们常能看到运动员在比赛中也嚼着口香糖。这是为了在紧张的比赛中让自己得到放松，以更好地发挥运动水平。实际上，血清素确实有使人放松的作用。而嚼口香糖需要不停咀嚼，这样就能促进血清素的分泌。

血清素的分泌主要集中在上午，早晨最为旺盛。

所以，前面介绍的三种提高血清素活力的方法，也应该在上午，特别是早上去实践，这个时段才能发挥最大的效果。

　　同样的方法放在晚上去做，就基本上没有任何意义了。

　　人体只有在上午才能合成分泌血清素，所以只有把握住上午，尤其是早晨的时间，才能一整天都充满活力。如果错过了血清素分泌的最佳时机，那人一天都没有精神。

2. 实现心情转换的"七种工作术"

● 在工作中,血清素带来的"治愈"效果 ●

这一章在为大家介绍血清素的时候,我是先从提高血清素活力的方法入手的,可血清素到底是一种怎样的脑内物质,可能您还不是太清楚。

前面章节讲过的多巴胺、肾上腺素等,都属于"兴奋型脑内物质"。而与之相对,血清素可以抑制上述脑内物质的过剩分泌,使脑内物质达到平衡。因此,血清素在脑内物质中被称为"调节物质"。

当血清素分泌旺盛,且它的活性比较强的时候,人的心情就很平静,进入一种所谓"平常心"的状态。因为血清素能使人心情平复,所以它也被称为"治愈物质"。

分泌血清素的神经系统从延髓的缝线核发出,几乎投射到我们大脑的所有区域。比如,能投射到大脑皮质、所谓的情感中枢的大脑边缘系统、维持生命的下丘脑、脑干、小脑、脊髓等。

合成血清素必不可少的氨基酸是色氨酸。上午，血清素的合成与分泌十分旺盛，但在睡眠中，特别是深度睡眠状态下，人体几乎不分泌血清素。

当血清素开始活动时，血清素神经就会发出刺激，使人的头脑保持清醒的状态。早晨人能清醒地起床，白天人能平静地做事，都是血清素在发挥作用。

人在心情放松的时候，能感到内心有种被治愈的感觉，从焦虑或伤感中得到解脱。这种内心的安定使人感到幸福，而这正是血清素正常工作，使脑内物质达到平衡的状态。

一提到"幸福"，您可能首先会想到多巴胺，因为前面讲过多巴胺是一种"幸福物质"。但多巴胺带给人的幸福感多是由成就感引发的，比如当我们完成一项艰巨任务时，情不自禁地大叫："哇！终于完成啦！"这种由多巴胺带来的幸福感，一般比较强烈。但血清素给人的幸福感则是一种以"安心""自在"为主的平静的感情。所以，要使我们的内心感受到平静的幸福，治愈心灵上的创伤，首先必须保证血清素的正常工作。

要把血清素的作用发挥到工作中，那效果最好的莫过于用血清素"转换心情"。

体内血清素不足的时候，人就会陷入"心烦意乱""坐立不安""无论如何也静不下来"的状态。

人长时间伏案工作，工作效率会越来越低，心情也会越来越烦躁，

血清素的主要功能

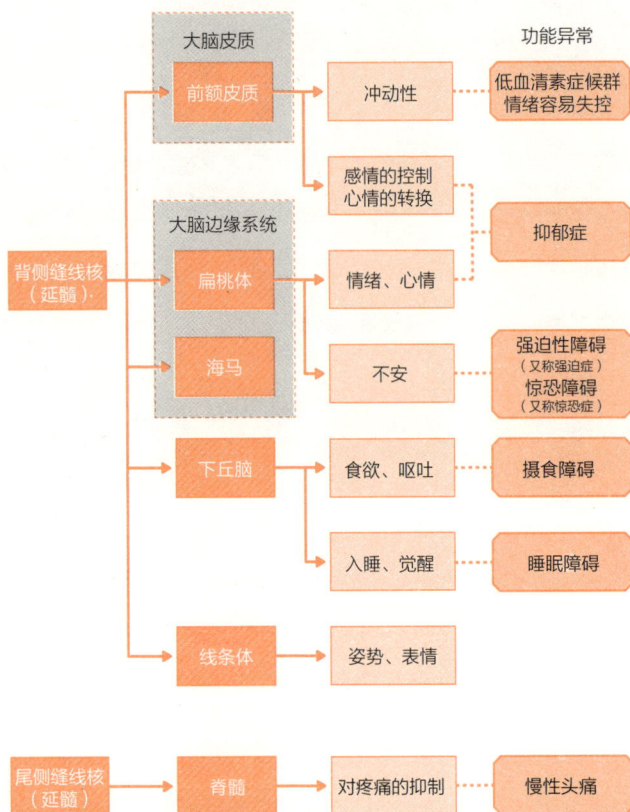

			功能异常
大脑皮质	前额皮质	冲动性	低血清素症候群 情绪容易失控
大脑边缘系统	扁桃体	感情的控制 心情的转换	抑郁症
		情绪、心情	
	海马	不安	强迫性障碍（又称强迫症）惊恐障碍（又称惊恐症）
	下丘脑	食欲、呕吐	摄食障碍
		入睡、觉醒	睡眠障碍
	线条体	姿势、表情	
背侧缝线核（延髓）			
尾侧缝线核（延髓）	脊髓	对疼痛的抑制	慢性头痛

注：为了便于读者朋友理解，上图将实际的神经系统和脑功能进行了简化

陷入一种所谓的"焦灼状态"。人在这种状态下，只要检测一下就会发现，体内血清素的含量一定很低。

反过来，如果体内血清素分泌充足，而且血清素活性很高的话，人心就会处于一种平静、安稳的状态。刺激血清素的分泌，提高它的活性，人就可以从焦灼状态中解放出来，之后的工作效率会大幅提升。这就是我所说的"血清素转换心情工作术"。

人心情的转换与前额皮质有很紧密的联系，而让前额皮质顺利运转的正是血清素神经。

接下来将要为大家介绍的是高效转换心情的方法，也是我每天都在实践的方法。

● 转换心情工作术（1）"外出吃午餐"，为下午补充血清素 ●

上午是大脑的黄金时间，如果能够好好利用这段时间的话，相信您的工作肯定能取得扎扎实实的进展。但到了中午，早上吃的食物消化殆尽，人开始感到饥饿和疲劳，工作效率也大幅下降。这个时候该怎么办？我建议您离开办公桌，出去吃午餐。

上午我一般都在家里写作，所以中午也可以在家里吃饭，但我还是愿意出去找家饭店就餐。因为外出吃午餐可以帮我为下午的工作补充血清素。

我一般会选择步行5分钟以上的餐馆。步行去餐馆是很好的散步机会，同时也享受了阳光的沐浴。这样一来，体内血清素的合成与分泌就受到了刺激，血清素的活性度也提高了。而用餐的时候我还会有意识地细嚼慢咽，发挥"咀嚼"的作用，进一步提高血清素的活力。

也就是说，外出吃午饭这一简单的行为，让我们一下子践行了"日光浴""有节奏的运动"和"咀嚼"三大提高血清素活性的方法。

实际上，外出吃午餐可以让我们的心情得到彻底的转变，从烦闷的工作中解脱出来。虽然连一小时也用不到，但却可以使人得到极大的放松。我经常会在这个时间段产生意想不到的灵感。为了及时把这些"灵感闪现"记录下来，在外出吃午饭的时候，我会随身带着我的小笔记本。

在餐馆中选好位子坐下来，点了菜，在上菜之前一般会有 5 分钟左右的"空闲时间"，您可别小看这 5 分钟，它的作用也很大。我大多会利用这短短的空闲时间反思上午工作中的问题点和需要修正的地方，然后把它们都记在小笔记本上。我还会为下午要做的工作列一个清单。

离开办公桌的时候，人反而能从全局的高度俯瞰自己的工作，这就是所谓的"当局者迷，旁观者清"。

吃完午饭从外面回来时，体内的血清素已经得到了有效补充，而且还能站在客观的角度对上午工作的失误进行修正。可以说，此时的自己已经为后半场的工作做好了万全准备。

● 转换心情工作术（2）边散步边思考 ●

假如您有一份策划书明早必须交给上司，但现在您还没有整理好。

假如明天开会您必须提出一个好的方案，可现在您还没有思路。

遇到这种情况的时候，谁都难免焦急万分，可是越着急就越想不出好点子，结果就更着急……这就陷入了恶性循环。如果是我的话，此时我会选择出去散散步。

"都这个时候了还有心情散步？！再说哪儿有时间啊！"

肯定会有朋友提出这样的反驳，但是，越是忙的时候，越是需要创意的时候，就越应该出去散步。出去散步是为了提高血清素的活力，改变一下焦灼的心情。

坐在办公桌前好几个小时也想不出好主意，还不如干脆出去走走。边走边想，头脑中反而容易闪现出灵感的火花。因为大脑从"紧张"的状态切换到"放松"的状态，思维会变得更活跃。

所以，与其坐在办公桌前绞尽脑汁、冥思苦想，不如索性放松一下，通过散步提高血清素的活力，跳出僵局，没准就能找到全新的思路。

关于"灵感闪现"的技巧，我将在第六章《乙酰胆碱工作术》中为大家做详细介绍。

● 转换心情工作术（3）深呼吸 ●

虽说通过外出散步转换心情的方式非常有效，但对大多数上班族来说，在上班期间是不能随意外出的。那有没有更简便、更容易实行的转换心情的方法呢？有！对于上班时间不方便外出散步的朋友，我推荐"深呼吸"转换心情法。

深呼吸，对场所和时间没有任何限制，随时随地都可以进行。深呼吸可以提高血清素的活力，并给大脑输送充足的氧。另外，深呼吸还能让我们的心情恢复平静。

深呼吸的好处那么多，所以它可以应用于各种各样的场合。比如，在面对众人讲话，内心紧张不已的时候，可以通过深呼吸消除紧张；早晨，心情不好，不想去上班的时候，可以通过深呼吸改变心情，让自己愉快地出门去上班。

关于提高血清素活力的深呼吸法，在这里我为大家介绍有田秀穗教授提倡的"腹肌呼吸法"。

（1）把手按在下腹的位置上；

（2）把意识集中到下腹部；

（3）呼、呼、呼……短促、连续地把气呼出去，呼气时用口或鼻都可以；

（4）放松腹肌，用鼻子深吸气。

有节奏地重复上述步骤，就可以奏效。如果站立深呼吸的话，双脚应该略微分开，站直，让身体的中心线保持笔直。如果坐着深呼吸，在椅子上也要坐直。另外，躺着也可以做深呼吸，但在公司恐怕没有地方可躺。

从刺激血清素活性的原则来说，深呼吸至少应该持续 5 分钟。但实际操作起来您就会发现，连续深呼吸 5 分钟是相当困难的。根据我个人的经验，连续深呼吸 1 至 2 分钟，就已经可以达到转换心情的效果了。所以，一开始您不用深呼吸太长时间，从短时间训练入手。

深呼吸可真是一个好东西，转换心情、舒缓紧张情绪，甚至早上让我们清醒地起床，在各种各样的情况下，它都可以帮助我们。

● 转换心情工作术（4）大声朗读 ●

大声朗读可以把我们的大脑激活，仅仅是出声朗读，就可以达到这个效果。另外，还有研究表明，大声朗读可以促进前额皮质的血液循环，增加血流，对于预防老年性痴呆也有一定的效果。

大声朗读对血清素的分泌也有刺激作用。即使只是反复大声朗读"ABCD、ABCD"等没有含义的字段，血清素的活力也能被激发起来。大声朗读时，要和深呼吸一样，注意吐气，再有就是有节奏地发声。

想通过大声朗读提高血清素活力的时候，朗读简单的语句、没有意义的文字更有效果。因为，有含义的文字，我们在朗读的时候，难免要思考它的意思，从而打乱我们朗读的节奏。换句话说，在朗读的时候最好不要动脑子。

由此可见，和尚们念经，是提高血清素活力的一种非常好的方法。

我写文章也会遇到"江郎才尽"的时候，怎么也写不下去了。遇到这种情况的时候，我一般会放下笔，然后开始大声朗读自己前面写下的文章。这时我会留意自己腹肌的运动，尽量从腹部发力，大声朗读出来。

"写"对我来说，只用眼睛和手指尖，"大声朗读"则需要我全身配合。从"写"到"大声朗读"的转换，我的身体是从基本静止的状态进入轻微运动的状态，心情和头脑都会焕然一新。当再次拿起笔的时候，往往有新的思路涌现出来。这就是我经常实践的"大声朗读心情转换法"。

另外，当我把自己写的文章大声朗读出来的时候，听起来就好像在读别人的文章。这就可以使我客观地审视自己的文章，从而更容易找出需要修改的地方。大声朗读自己写的稿子真是好处多多，对我来说，不仅可以激发脑内物质的活性，实现心情的转换，还能让我客观评价自己的文章，有利于修改，最后一点，激起我继续创作下去的欲望。真是一举多得！

对上班族来说，上班时间如果在办公室里大声朗读，恐怕会给周围的同事带来困扰。所以最好找一间空的会议室，关上门自己大声朗读。朗读的内容可以是工作中的文件，这个应该随手可得。还可以请空闲的同事帮个忙："我准备朗读文章了，邀请你来当听众怎么样？"找个听众，可以让自己更认真，也能锻炼胆量。

● 转换心情工作术（5）简单的运动 ●

在办公室里不适合做动作较大的运动，那坐在办公桌前就没有办法通过简单运动提高血清素的活力、转换心情了吗？有办法！我推荐您"扭脖子"运动。

我们的头其实非常重，要支撑沉重的头颅，脖子四周包裹着一圈肌肉。通过左右扭动脖子，活动脖子的肌肉，就可以将大量电信号传递给大脑。而且，这种有节奏的运动还可以提高血清素的活力。所以，扭脖子的时候心中要默数"1、2、1、2……"，按照节奏扭动脖子。

除了扭脖子之外，在公司里还能做的节奏运动有"上楼梯"。通常情况下，我们都会乘坐电梯直达办公室所在的楼层，下次您可以尝试一下提前一两层下电梯，然后徒步爬楼梯去办公室。注意，爬楼梯的时候，不要像做最后冲刺一样一口气登上去，结果累得自己气喘吁吁，按照"1、2、1、2……"的节奏慢慢登上去即可。

让人感觉疲劳的运动，不适用于刺激血清素，所以我才建议大家只爬一两层楼梯就够了。没有必要从一楼爬楼梯到十楼，让自己太累，这样反而不利于工作。

● 转换心情工作术（6）打出转换心情的"组合拳" ●

连续有节奏地运动5分钟以上就可以提高血清素的活力。但是，要深呼吸 5 分钟，再扭脖子运动 5 分钟，说起来容易做起来难。

所以，我推荐大家把各种有节奏的运动组合起来做。比如，先扭脖子运动一会儿，再深呼吸一会儿，最后再扭一会儿脖子。

这样一来，运动就不会那么枯燥，难以坚持了。

● 转换心情工作术（7）把提高血清素活力变成一种习惯 ●

前面介绍的"转换心情工作术"，即使只尝试一次，也能取得不错的效果，但要能长期坚持的话，效果更佳。所以，把提高血清素活力的各种方法变成生活习惯，才是最好的。

以我个人来说，我几乎每天中午都会外出就餐，这种习惯已经持续了好几年。即使不去餐馆吃饭，我也会利用中午时间走出去，走到便利店或超市买盒饭回来吃。重要的是让自己在上午繁重的工作之后，散步 15 分钟，以转换一下心情，为下午的高效工作做好充分的准备。

我也建议大家不要一时兴起做一两次，而是要把提高血清素的这些方法习惯化，长期坚持锻炼自己的血清素神经，令其处于一种"只要有需要，随时可以分泌更多血清素"的状态。血清素正常分泌，才能保证多巴胺和去甲肾上腺素的平衡，让我们在努力工作的同时还能保持内心的安稳。

3. 锻炼血清素神经，磨砺自己的"共感力"！

● "感动的眼泪"竟然可以提高血清素的活力 ●

"日光浴""有节奏的运动"和"咀嚼"这三种提高血清素活力的方法，相信您已经充分了解了。接下来我要为大家介绍一种锻炼血清素神经的方法。

这种方法就是"看电影，让自己流下感动的眼泪"。肯定会有很多朋友对这种方法感到意外，但实际上，"共感"（感受作品人物的感情）与血清素之间存在着非常重要的联系。

古希腊学者亚里士多德在他的著作《诗学》中说，通过看悲剧，"人内心中沉淀的感情可以得到释放，心灵得到净化"。

看悲剧，感动，流泪。之后，人会感觉自己的心情非常清爽。相信看过很多电影、电视剧的您，应该体会过类似的感受。

著有《消除压力，从大脑开始》（Sunmark 出版社）等的有田秀穗先生也曾经说过，人看电影感动流泪的时候，前额皮质的血液循环会加速，血清素神经的活力也会明显提高。

人在感动流泪之前，处于"交感神经优先"的状态，感动得开始流泪时，就变成了"副交感神经优先"。也就是说，感动能让人获得精神上的放松和治愈。

有田秀穗先生认为以前额皮质为中心的脑区域，与血清素有着深刻的联系，控制着人的"共感能力"，所以有田秀穗先生把这个区域称为"共感脑"。锻炼共感脑，对于锻炼血清素神经有着重要意义。共感能力提高之后，人就更善于感知别人的感受，从而使人际关系变得更和谐。人际关系和谐了，人也就少了很多烦恼。

所以，您也来磨炼一下自己的共感力吧！听音乐，看话剧、电视剧、动画片，读小说等都是不错的方法。但我觉得看电影更好，因为一部电影一般都会控制在两小时之内。优秀的电影会对人物心理进行细腻的刻画，让观众容易把感情注入其中，从而更好地磨炼共感力。

实际上，我每年要看 100 部以上的电影，算是个超级电影迷。我开设的网络杂志《电影的精神医学》已经有超过 4 万的会员，我定期在这个网络杂志上发表电影评论。在我看来，电影是磨炼共感力最好的工具，也是治愈心灵的最好的艺术形式。

● 掌握正确的看电影方式，享受的同时提高自己的"共感力" ●

看电影也有方法，只有掌握了正确的方法，才能在享受的同时提升自己。如果在看电影的时候总是保持客观冷静，漠然地看着演员的表演，那么就无法磨炼自己的共感力。根据我个人观赏电影的经验，下面为您介绍"提高共感力的看电影方式"。

（1）把自己的感情移入电影人物

在电影院看电影的时候，我们经常能听到有观众说："换作是我，我才不会像主人公那样做呢。"抱着这样的思维方式看电影，共感力将和您无缘。而且，这样看电影，会让电影变得无聊。

举例来说，"007"系列电影的主人公是詹姆斯·邦德，而不是您。您在看电影的时候不要想"我要是邦德的话，才不会那样做呢"，而应该想"邦德为什么要那么做呢？"。作为观众，我们要尝试着揣摩、理解主人公的心理，从而提高自己的共感力。换句话说，就是站在主人公的角度考虑问题。

如果看电影的时候始终保持冷静、客观的态度，电影就会变得无趣甚至无聊。我希望大家把自己的感情移到主人公或其他角色身上。如果没有共感力，就无法移入自己的感情。由此可见，能够移入感情 = 具有共感力。

当然，看电影的时候不要强迫自己把感情移到主人公身上，只要试着调整自己的感情，去理解主人公的感情就行了。这样做，不知不觉就能把自己的感情带入电影。

（2）看电影的时候，要大胆地把自己的感情表达出来

电影结束后，有些观众会说："刚才差点哭出来，幸好我忍住了。""好危险，电影再不完我真要哭了。"为什么好不容易产生的感动，非要压抑它呢？

这可能是日本人一些特有的价值观在作祟，比如"感情不能表现在脸上""喜怒不形于色是美德"。但我觉得至少在看电影的时候，该笑的地方就笑，该哭的地方就哭。看电影的时候，就要大胆地把自己的感情表达出来。

流泪，可以帮我们发散心中的压力。但是，忍住不哭，不让眼泪流下来，反而会额外增加精神压力。当我们即将哭出来的时候，神经高度兴奋，肾上腺素也开始分泌，交感神经处于优先地位。一旦眼泪流下来，副交感神经就占据了优先位置，人就会进入放松状态。

如果即将流下来的眼泪被生生憋回去，那么交感神经就会一直处于优先地位，也就是始终保持精神紧张的状态一直到电影结束。本来看场电影是想排解精神压力的，但非要压抑自己感动的眼泪，结果反而制造了多余的精神压力，这就太得不偿失了。

被电影感动得想哭的时候，不要犹豫、不要害羞，哭出来就是了。

让眼泪肆意地流下来，不仅可以治愈心灵，磨炼共感力，还能锻炼血清素神经。

（3）找个伴一起看电影

找个伴一起看电影，比独自一人看更有意思。

夫妻、孩子、恋人、朋友……找谁都可以，只要是自己喜欢的人。所谓共感，也就是感情的共有、共享。开心也好，悲伤也好，一起看电影的人可以共同感受，对方也会产生与自己相近的感情。

电影结束之后，也可以和同伴讨论电影中的情节，一起看了电影才有更多的共同语言。同样一句台词，彼此之间可能有不同的理解；同一处情节，你们的解释也不一定完全一样。通过相互的交流，可以用对方的感受来比照自己的感受，"他是怎么想的呢？"，在这个过程中，人的共感力就得到了提高。

观赏电影的同时，锻炼了血清素神经，提高了共感力。人有了共感力，就可以更好地理解别人的心情和感受。

能够理解别人的心情和感受，行为上就会更照顾别人，也更容易获得别人的理解和支持，以及别人对自己的积极、正面的评价。无论对人际交往还是工作，这都是一种难得的能力。

4. 每天健康的生活习惯，让"共感力"大幅提高！

● 适量吃肉，让头脑和内心都变得安稳 ●

前面已经讲过，血清素是由一种必需氨基酸——色氨酸合成的。

我们的身体是无法制造必需氨基酸的，所以补充它们只有一个办法，那就是从食物中摄取。说得更简单一点，为了制造血清素，我们必须摄取充足的色氨酸。色氨酸的摄取量不够，人体就无法合成出足够的血清素。

肉类、大豆、米、乳制品中都含有丰富的色氨酸。所以，只要在日常生活中注意膳食平衡，人体是不会缺少色氨酸的。

但是，有些极度挑食、偏食的人，以及通过节食减肥的人，色氨酸的摄入量就很可能不足。有科学家通过研究发现，一些孩子的性格十分极端，很可能就是极度挑食造成的。挑食会使人体无法摄取足够的色氨酸，也就无法合成足量的血清素，血清素不足，人就会变得暴躁、易怒。

通过吃肉摄取色氨酸是我认为最简单的方法。如今社会上广泛流传一种偏见，认为吃肉对健康不利。实际上，肉类含有丰富而且均衡的氨基酸，所以吃肉对于保持营养平衡非常重要。

很多日本人喜欢吃肥肉，肥肉才对健康不利，但不能因此把所有肉都排除于餐桌之外。

在合成血清素的时候，除了必需氨基酸之外，还离不开维生素 B_6，所以我们在吃肉的时候还应该搭配含有维生素 B_6 的食物。牛肉、猪肉、鸡肝、红色的鱼肉、芝麻、花生、香蕉、大蒜等都含有丰富的维生素 B_6。

我在网上浏览一些保健网站的时候，发现有一些文章称"摄取色氨酸可以预防抑郁症""摄取色氨酸可以辅助治疗抑郁症"。但是根据我的调查，目前在医学界尚没有大规模的研究结果显示摄取色氨酸对抑郁症有预防和治疗的效果。

总而言之，我们不要让自己的身体出现色氨酸不足的现象，但摄入过多，人体也不会没有止境地合成血清素。

● 早饭吃好，才能马力全开地投入工作 ●

"一上午头都昏昏沉沉的。早上起床后，有一段时间什么都不想干。"有很多朋友曾经这样向我抱怨过。

　　分析其中的原因，我认为主要有两个。一种可能是血清素没有被激活，第二种可能是低血糖，还有可能是两个原因同时起作用。

　　关于激活血清素的方法，前面已经讲得很详细了。这里我主要讲一讲低血糖。

　　人摄取食物后，体内的血糖值就会上升。睡了一夜后，至少有6小时没有进食，肚子里空空如也，所以早上醒来的时候，是一天中血糖值最低的时候。

　　还有的朋友因为种种原因干脆不吃早餐，这样一来，就要以低血糖的状态度过整个上午，直至吃过午饭。

　　葡萄糖几乎是大脑唯一的营养源，所以，人处于低血糖状态的时候，大脑绝无可能发挥出较高的机能。不吃早餐，一上午头昏昏沉沉也是理所当然的事情。

　　另外，一直处于低血糖状态时，人体就会把肝脏储存的糖原分解成葡萄糖为身体提供能量。此时，与愤怒有关的肾上腺素也会同时分泌，因此人会感觉烦躁不安。肚子饥饿的时候心情就不好，容易发怒，就是这个原因造成的。

　　原本来说，早上睡醒后的两三个小时是大脑的黄金时间，思维最为活跃，本该发挥最高的工作效率。但如果不吃早饭的话，就会使黄金时间的大脑处于"没有能量"的状态，让人不但无法专心工作，还会因饥饿而烦躁不安，怎么可能把工作做好！

　　我年轻的时候也有一段时间不吃早饭，所以特别能理解一上午头昏昏沉沉的感觉。所以那些上午不在状态的朋友，首先应该审视一下自己的早餐有没有吃好。

前面讲过，咀嚼可以提高血清素的活性，所以细嚼慢咽地吃早餐意义重大。认真吃早餐不仅可以给大脑补充能量（葡萄糖），还可以通过咀嚼提高血清素的活性，真可谓一石二鸟。

如果您想在上午开足马力工作，想把大脑的黄金时间充分利用起来，那就好好地吃早餐吧。

●从"上午弱"变成"上午强"●

2009年4月，日本文部科学省进行了一项全国学习能力和学习状况调查（全国学习能力测试），得到了一个令人深思的有趣结果。这项调查以全日本小学六年级、初中三年级学生为调查对象，在调查学习能力的同时，对学生的生活习惯也进行了调查，并分析研究了生活习惯与学习能力测试成绩之间的联系。

对于"你每天吃早饭吗？"的提问，回答"吃"的孩子，学习能力测试的平均正确率为60分；而回答"完全不吃"的孩子，测试的平均正确率只有39分。差距竟然有21分之多。

还有很多调查，研究孩子的生活习惯与学习成绩之间的联系，大多数结果都显示"不好好吃早餐的孩子，学习成绩也较差"。

以学生为对象进行的学习能力测试，可以用分数的形式表现出来，结果更加一目了然。但成年人吃早饭与工作效率的关系，是很难用数值表现出来的。不过不吃早饭，上午的工作效率肯定不会令人满意。

　　上午工作效率不高的人，喜欢用"我是深夜工作型的人，不擅长上午工作"来为自己辩解。但实际上，这并不是体质的问题，而是生活习惯的问题。

　　早上吃早饭的人，至少可以获得三个好处：通过咀嚼提高血清素的活性；为大脑补充能量；提高体温，唤醒大脑和身体。

　　与下午相比，上午的工作、学习、记忆效率更高。很多研究结果也证明，人在上午头脑更有活力。上午的时间如果不能发挥大脑和身体的最高机能，将会给人带来很大的损失。从整个人生的长度计算，上午不好好利用，人就会损失大约 10 万小时的时间。这还只是时间上的计算，如果考虑到工作效率等无法量化的因素，那这个损失简直是无法估量的。

　　就连我也曾经坚信自己是"深夜型"的人，很多重要工作都放到夜深人静的时候做。但我很庆幸自己能在 30 ~ 40 岁的后半段把生活习惯改成了"早晨型"。

　　要变成"早晨型"的人，晚上保证充足的睡眠是不可缺少的条件。在第五章《褪黑激素工作术》中，我将介绍睡眠的方法。结合第五章的内容，您也可以改变自己的生活习惯，在上午，尤其是早晨，发挥自己最强的脑力和体力。

● 早上起床不清醒，那就来个热水淋浴吧 ●

有些朋友认真实践了我前面介绍的提高血清素活性的方法，每天也好好吃了早餐，但依然觉得自己在上午不清醒……

遇到这种情况的时候，我推荐您起床后先来个淋浴。

早晨起床后先来个淋浴，可以让大脑和身体焕然一新。迷迷糊糊的头脑在温热的淋浴水下能完全清醒过来。实际上有每天早上都淋浴习惯的人，可能早就发现这个效果了。

早上淋浴可以让大脑和身体都清醒过来，原因在于热水能让我们的体温升高。

在我们的自主神经中，白天的神经（活动的神经）交感神经处于优先地位时，全身各个内脏器官都处于活跃状态，体温也较高。反之，如果夜晚的神经（休息的神经）副交感神经处于优先地位时，各个内脏器官的活动就会减弱，体温也会有所下降。

早晨，我们刚从睡梦中醒来的时候，还无法一瞬间从副交感神经优先的状态转换到交感神经优先的状态，体温也还没有升上来。换句话说，虽然头脑已经醒了，但身体还没有完全苏醒。

在从副交感神经优先状态向交感神经优先状态转变的过程中，血清素能起到辅助作用。所以，血清素活力低下的人，无法很好地完成这一转换。这也是这些人早上状态不好的原因之一。

我建议这样的朋友早上起床先来个热水淋浴，热水淋浴能让我们的体温升高，而体温升高有助于我们的身体从副交感神经优先状态向交感神经优先状态过渡。睡眠中的低体温，通过热水淋浴升高了，大脑和身体都被彻底唤醒，我们才能做好奋斗一整天的准备。

前面讲过，要让自己一上午都保持高效率的工作状态，早餐是不容忽略的。其实，吃早餐还有提高体温的作用，因为身体要把摄取的营养物质"燃烧"掉。所以，热水淋浴之后再饱餐一顿，体温就会升上来，让自己进入"临战"状态。

有研究人员以小学生为对象进行过一项调查，他们对比了"吃早餐的学生"和"不吃早餐的学生"的体温。结果，上午，前者比后者的平均体温要高出 0.4℃~0.6℃；下午，前者比后者的平均体温高出 0.7℃~0.8℃。

体温较低的孩子还存在一些共通的倾向，比如"不愿意上学（迟到或逃学）""学习意愿低下""成绩较差"。

人在白天的体温高，夜晚的体温低。经过一个晚上后，清晨时人的体温最低。如果早上不热水淋浴、不吃早餐的话，那么低体温就会持续一上午。那样的话，上午怎么可能高效率工作？！

5. 血清素不足引发的恐怖症状

● 血清素异常与"心病"之间的关系 ●

前面我讲的都是血清素的作用，反过来，如果血清素不足会给我们的身心带来什么影响呢？实际上，血清素不足的危害性很大，可能让我们的身心失去平衡。

人在面对精神压力的时候，血清素的分泌会减少，活力会降低。所谓精神压力，是指人陷入危急时刻，不是选择逃跑就是要奋起战斗。此时的人不可能处于悠然自得的"治愈"状态。而作为治愈物质，这个时候血清素的分泌和活性就会受到抑制。

长期处于精神紧张状态的话，人体血清素活性低下的状态就会被固定下来，也就是抑郁症状态。

另外，血清素还有缓解不安的作用。血清素不足，不安就会从心中钻出来。极端严重的话，强烈的不安感就会演变成心理疾患，比如强迫性障碍（强迫症）、惊恐障碍（惊恐症）。

　　投射到下丘脑的血清素与"食欲和呕吐"也有关系。于是，血清素出问题的话，人还可能无法控制自己的食欲，从而患上摄食障碍，出现过食或厌食的症状。另外，下丘脑和"入睡与觉醒"也有深刻的联系，血清素活力低下的话，人晚上入睡和早晨觉醒都会出问题，导致"睡眠障碍"。

　　由此可见，血清素出了问题，可能引发各种恐怖的症状。

　　血清素活性低下的人，其实从外表就可以看出来。首先，这样的人表情没有霸气；其次，身体也是一副松垮垮的样子。血清素对人的表情和姿态会造成影响，当血清素活性低下的时候，人脸部的表情肌和身体的抗重力肌都会松弛下来。

　　血清素还可以控制人的冲动性。血清素活性低下，人就会陷入一种易怒、易抓狂的状态，不能控制自己的冲动，有时还会出现暴力行为，造成恶果，追悔莫及。这种状态也被称为"低血清素症候群"。

　　血清素的作用很多，还对抑制疼痛有效果。血清素分泌充足且活力强的话，人对疼痛就不那么敏感。反之，血清素活力低的话，人对疼痛的感受性就会很强，这是慢性疼痛的原因之一。所以，抗抑郁症的药物，对于慢性疼痛也有显著效果。

　　总而言之，血清素分泌不足或活性低下，会造成多种身心疾患。可以说，血清素是我们身心这部机器的重要"润滑油"。

● 轻松增加血清素的梦幻药物可以随便吃吗？ ●

了解了血清素的作用以及血清素不足的危害之后，可能有朋友会想："那么，通过服用药物增加血清素的分泌不就行了？"而实际上，这是一种只顾眼前的短视的想法。

在心理医疗领域，有一种治疗抑郁症的药物——SSRI（选择性5-羟色胺再摄取抑制剂，Selective Serotonin Reuptake Inhibitor）非常有名。

这种药物治疗抑郁症效果好，副作用小，近年来，在抑郁症的治疗中SSRI已经成了常用药物。治疗强迫性障碍和惊恐障碍时，也常用到这种药。

如果让我用一句话概括SSRI的话，它就是一种提高血清素活性的药物。

但它并不能促进血清素大量合成、分泌。SSRI只是阻碍神经突触间隙分泌的血清素再吸收。

神经突触间隙分泌的血清素会被前突触膜吸收，进行再循环，而SSRI会在吸收口上制造一层盖子，防止血清素被再吸收，这样就可以提高突触间隙血清素的浓度。

打个比方，假设我们外出旅行几天，回家的时候会发现门前信箱中塞满了各种邮件。其实并不是因为这几天寄来的邮件增加了，只是这几天没有天天清空信箱而已。

SSRI的工作原理也是如此。它只是阻止神经突触间隙（相当于信箱）中的血清素（相当于邮件）被再吸收，从而使突触间隙中滞留大量血清素。

因此，没有患抑郁症或强迫性障碍的人，即使服用了 SSRI，也无法让体内的血清素发挥更大、更明显的作用，因为正常人神经突触间隙中的血清素浓度本来就很高。

或者说还可能有反作用，SSRI 在提高神经突触间隙的血清素浓度的时候，容易让大脑产生一种误解，误认为"已经分泌了大量的血清素"。结果，身体就会减少血清素的分泌，或者调整血清素受体的数量和感受性。这显然是被一种假象蒙蔽了，而错误的操作肯定会带来不良的后果。

SSRI 的副作用很小，在人们的心目中它似乎没什么害处。但实际上，对健康人来说，服用这种药并不好。曾有报道称，有人服用 SSRI 后，出现了自杀倾向，也有人服用 SSRI 后，做出了犯罪行为。

美国首次销售 SSRI 时，曾宣传说，"这是一种可以控制人类感情的理想药物"。于是 SSRI 曾在美国风靡一时。甚至有健康人说，服用了 SSRI 后可以让人感到幸福。

SSRI 顿时成了一种"幸福毒品"，很多没病的人也长期服用 SSRI，像吸食毒品成瘾似的。在美国和日本等国，SSRI 是处方药，没有医生的处方是买不到的。于是催生了一些非法网商，在网上销售这种药，让人们可以轻易地买到它。

三环类抗抑郁药物在数十年前就开始使用了，有研究者对三环类抗抑郁药物和 SSRI 进行了对比研究。结果发现，服用 SSRI 引发的自杀率并不比三环类抗抑郁药物低。

在我的临床诊疗经历中，也曾遇到过 SSRI 产生副作用的案例。我给一些抑郁症、强迫性障碍患者开出 SSRI 进行治疗，结果部分患者在服用该药之后，烦躁不安的症状反而加强了。减少服药量或停止服用后，患者又恢复到了原来的状态。所以，一般人一定不要擅自服药，不管是内科药物还是神经科药物，都要遵从医嘱。SSRI 绝不是恐怖的药物，为了治疗抑郁症正在服用该药的患者也千万不能擅自停药，还是要听医生的，按照医生指定的剂量服用就没问题，毕竟它对治疗抑郁症还是非常有效的。

而健康人就绝不能服用 SSRI。把它当作"幸福毒品"来服用，以此来获得快感或心理上的安慰，肯定会出问题，各种副作用自然会随之而来。

要想提高自身血清素活性的话，只要每天进行日光浴、有节奏的运动和咀嚼就足够了，还要加强磨炼自己的共感力。千万不要依赖药物，虽然来得容易，但副作用也很大。

第四章

——总　结

- 治愈物质——血清素，与觉醒、情绪和内心的安定有着深刻的联系。
- 提高血清素活性的方法有日光浴、有节奏的运动和咀嚼。
- 开着窗帘睡觉，早晨起床头脑清醒。
- 早上起床后的两三个小时是大脑的黄金时间，一定要善加利用。
- 提高大脑活力，早餐马虎不得。
- 七种血清素"转换心情工作术"：1."外出吃午餐"，为下午补充血清素；2.边散步边思考；3.深呼吸；4.大声朗读；5.简单的运动；6.打出转换心情的"组合拳"；7.把提高血清素活力变成一种习惯。
- 感动的眼泪具有"治愈"效果。磨炼共感力，也就是锻炼血清素神经。
- 平时注意锻炼血清素神经，可以预防抑郁症。

第五章

褪黑激素工作术
"睡眠物质"将身心彻底修复

1. 睡眠的质量由脑内物质决定！

● "睡眠"是最强、最该优先执行的工作术 ●

有些人白天工作时间非常拼命，下班后还会去健身房健身，然后再参加朋友、同事的晚餐小酌，周末还到处玩耍……相信您的公司里应该也有这种看起来精力异常旺盛的人。

可为什么他们的精力总是那么充沛？

从早到晚忙个不停，工作、生活、娱乐都不耽误，难道他们不知道累吗？

其实我认为，精力充沛的人和能量不足的人，最大的差别就在睡眠中。

白天开足马力工作，夜晚高质量地睡觉，才能从白天的疲劳中完全恢复过来。结果，他们每天看起来都神采奕奕、充满活力。

书店里讲怎么工作的书数不胜数，但讲怎么休息的书少之又少。如果不知道如何高质量地休息，只知道埋头工作的话，那么人在成功之前很可能会耗尽自身的所有能量，要么患上身心疾病，要么因为过度劳累而突然倒下。

如果问我什么才是最重要、最高效的工作方法，我肯定会回答："好好睡觉！"睡眠，是人类所有活动的基础。无法保证高质量睡眠的话，无论身体还是大脑，都会失去平衡，别提工作了，就连正常的生活都会出现问题。

有一项实验表明，把成绩排名前 10% 的学生每天的睡眠时间限制在 7 小时以下的话，那么过一段时间之后，这些学生的成绩甚至会下跌到倒数 9% 以内。

另有一些研究人员通过实验证明，如果让一个人连续 5 天每天睡眠不足 5 小时的话，他的认知能力就会急剧下降。下降到什么程度呢？竟然和连续 48 小时不睡觉的人达到同等认知水平。而连续 48 小时，也就是两天两夜不睡觉的状态，您一定能想象出来。

睡眠不足会使人的注意力、行动能力、暂时记忆、工作记忆、情绪控制能力、计算能力、推理能力等几乎全部大脑机能下降。

以这样的状态工作，怎么可能取得满意的成果呢？一个人忽视睡眠，以及以睡眠为基础的身心健康，是不会在事业上取得成功的。

但非常遗憾的是，很少有人意识到睡眠的重要性，而有意识地去学习睡眠知识的人就更少了，简直可以用"稀有"来形容。很多人每天的生活习惯，都十分不利于睡眠。

本章将为大家讲解"褪黑激素"与"睡眠机制"，同时介绍让您每天充满活力的休息之术。

● 切换睡眠与清醒的"催眠激素" ●

促使人类进入睡眠状态的,主要有两个系统。其中之一是褪黑激素,另一个是一种叫作GABA的脑内物质。可可豆中就含有GABA,所以,有些巧克力就冠以GABA的名字。

褪黑激素是人类于1958年首次发现的。它不仅仅会对脑神经产生作用,还能使心跳减慢,体温、血压下降,并调整人入睡与醒来的规律,具有促进自然入睡的作用。褪黑激素可以将我们全身的各种器官切换到休息模式。所以,人们也把褪黑激素称为"睡眠物质""催眠激素"。

分泌褪黑激素的是脑内一个叫作松果体的内分泌腺。外界的光线

松果体与褪黑激素的分泌

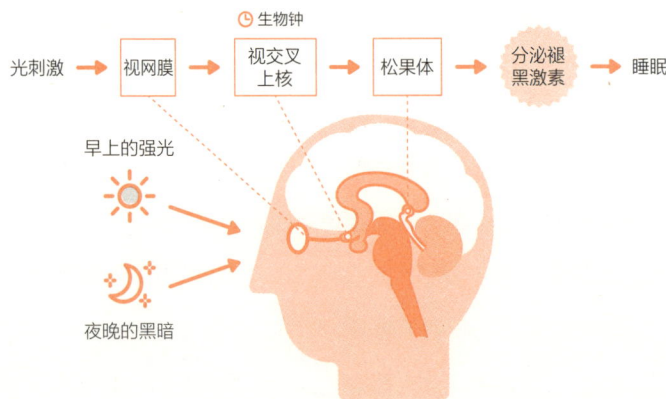

光刺激 → 视网膜 → 视交叉上核 → 松果体 → 分泌褪黑激素 → 睡眠

🕐 生物钟

早上的强光

夜晚的黑暗

会对我们的视网膜产生刺激，而松果体会根据视网膜接收光刺激的强度，来决定分泌褪黑激素的多少。进入我们眼睛的光照强度减弱，松果体就决定开始分泌褪黑激素。

在睡前的一段时间，调暗房间的照明，有助于更快入睡。其原因就是室内光线暗下来之后，褪黑激素的分泌量增加，从而起到催眠的作用。

第四章介绍的脑内物质血清素，负责的是让我们从睡梦中清醒过来。早晨起床时，能不能让头脑快速清醒过来，大部分要依赖血清素的作用。而褪黑激素正好和血清素相反，入睡以及睡眠的质量，都要受到褪黑激素的影响。

褪黑激素对于睡眠的作用，我总结了一下，大体有以下三点。

- 缩短睡眠准备时间（让入睡更快）
- 提高睡眠效率（提高睡眠时间占躺在床上的总时间的比例）
- 延长睡眠时间（让睡眠持续得更久）

与白天相比，夜间褪黑激素的分泌量要多得多，是白天的 5 ~ 10 倍。尤其是夜里 2 点至 3 点，褪黑激素的分泌量达到最高峰。深度睡眠离不开褪黑激素的大量分泌。

失眠症患者，大多褪黑激素的分泌量不足。更严重一点，失眠可能发展成睡眠障碍，这已经是一种精神疾病了。

● "睡眠"的质量，是身心健康的重要指标 ●

"你平时睡得好吗？"

在面对前来就诊的患者时，神经科医生必问上面这个问题。因为在精神医学中，睡眠是非常重要的。睡眠的状态，就像一面镜子，可以如实地反映人身体和精神的状态。

很多精神疾患，都伴随有睡眠障碍。抑郁症、精神分裂症、酒精依赖症等精神疾患的患者，有很高的概率睡不好觉。作为一名神经科医生，根据自己的临床经验，我可以说："在神经科见到最多的症状就是失眠。"而且，很多精神疾患随着病情的恶化，睡眠障碍的症状也会随之加重。

反过来，当精神疾患的病情减轻时，患者的睡眠障碍也会得到改善。对于判断病情是恶化还是减轻，睡眠质量是一个极为重要的指标。说"我睡得香、睡得深，但精神状态就是特别不好"的人，几乎没有。

就拿抑郁症来说，几乎所有抑郁症患者都伴有睡眠障碍。睡眠障碍可以被及时发现，所以，如果出现睡眠障碍就应该尽快就医，以尽早诊断精神疾患。精神疾患发现得越早，治疗效果也越好。"最近我总是睡不着，睡着了也容易醒来"，要是遇到这种情况，就说明人的精神压力比较大，身体和内心的平衡已经开始崩溃，应该引起重视。

躺在床上怎么也睡不着。

即使睡着了，半夜也会醒来几次。

虽然时间睡够了，但醒来后依然感觉很疲惫。

早上起床后，头昏昏沉沉的。

以上情况都是睡眠障碍的征兆，说明人的身心健康已经亮起了黄灯，需要调整身心，改变生活习惯，以摆脱当前的不良状况。

如果真的患上了睡眠障碍，我建议立即就医。但如果只是睡得不太好，则可以通过自我调节，改变生活习惯，促进褪黑激素的分泌来提高睡眠质量。

2. 保证"舒心睡眠"的"七个方法"

● 促进褪黑激素分泌的方法（1）在完全黑暗的卧室中睡觉 ●

有些朋友晚上不开床头灯就睡不着。虽然床头灯的光线都比较柔和，不会太亮，但总体来说，开着床头灯睡觉不是个好习惯。因为褪黑激素"讨厌"光，睡觉的时候，如果有光进入视网膜，褪黑激素的分泌就会受到抑制。

虽说照度在 100 勒克斯以下的照明对褪黑激素分泌的抑制并不强，但睡眠的环境还是越暗越好。最理想的睡眠环境应该是完全黑暗的卧室。关掉所有灯，包括床头灯，是促进褪黑激素分泌最简单的方法。

在第四章中我讲过，为了早上起床时让头脑迅速清醒，我建议大家晚上拉开窗帘睡觉。但是拉开窗帘睡觉，室外的光线就会进入卧室，让卧室不可能完全黑暗，那不是会抑制褪黑激素的分泌吗？肯定有朋友会提出这样的疑问。这个时候，我们先要分析一下自己的睡眠情况，如果容易失眠，那就要先保证褪黑激素的分泌，关闭窗帘睡觉。

虽说早上起床迅速清醒过来很重要，但前提必须是晚上睡个好觉，所以，我们还是应该把促进褪黑激素的分泌放在优先位置。

如果您住在繁华的街区，并且住宅临街的话，那即使关闭窗帘，室外的灯光依然会隔着窗帘透进卧室，这种情况下我推荐您睡觉的时候戴上眼罩。

也有一些朋友晚上上厕所的时候必须有灯光才行，那可以在地板上安装小夜灯，不让灯光直接照射人体。只要灯光不直接照射视网膜，光亮对褪黑激素分泌的抑制作用就会减弱。

● 促进褪黑激素分泌的方法（2）入睡前先在微暗的房间中放松一下 ●

从傍晚时分开始，人体褪黑激素的分泌就开始增加，到入睡前，褪黑激素的分泌已经相当活跃。也就是说，从晚饭后到睡觉前这段时间的活动方式，将对褪黑激素的分泌造成很大的影响。

举例来说，您如果晚上睡觉前这段时间一直在灯光炫目的客厅里看电视，那即使进入全黑的卧室，躺在床上也无法马上入睡。

反之，如果睡前一两个小时能够在照明比较暗的房间里放松自己，就可以刺激褪黑激素的分泌。到了睡觉时间，关闭所有灯光，就更容易马上入睡。

电视剧里经常能看到演员入睡的镜头，他们会先躺在床上，关闭卧室的主灯，打开床头灯，听听音乐、看看书，过一会儿睡意自然就来了。所以，睡前调暗灯光是顺利入睡的关键。这个时间，建议使用间接照明，也就是辅助照明，卧室的主灯应该关闭。

● 促进褪黑激素分泌的方法（3）入睡前不要使用荧光灯 ●

睡前借着床头灯读半小时书，等睡意来了自然就可以关灯入睡了。这是一种对睡眠非常好的习惯。

但是，睡前读书的时候一定不要使用荧光灯。

荧光灯是白色的，在睡前还"沐浴"在荧光灯下，会抑制褪黑激素的分泌。不仅在荧光灯下褪黑激素的分泌会受到抑制，关灯后几小时内，这种抑制作用还会一直持续。

白色的荧光灯，色温与白天的太阳光相近，所以身体误以为现在还是白天，自然不会分泌褪黑激素。但如果换成黄色的普通灯泡，只要灯光不是太亮，就不会给褪黑激素的分泌带来什么影响。

赶快去检查一下您卧室的主灯和床头灯，看是不是白色的荧光灯。如果是荧光灯，建议换成黄色的普通灯泡。

近年来流行 LED 灯，LED 灯既省电，又可以选择灯光颜色——日光色（白色）和暖光色（黄色）。日光色的 LED 灯和荧光灯的光的波长相近，所以卧室还是建议使用暖光色的 LED 灯。

　　● 促进褪黑激素分泌的方法（4）深夜不要站在便利店里看杂志 ●

　　我在夜里十一二点去楼下便利店买东西的时候，经常看到很多年轻人在便利店的杂志区站着看杂志。其中也有不少刚下班回来的上班族，他们西装革履，提着公文包。对他们来说，回家的路上站在便利店里读读杂志可能是一种"免费的娱乐"，是放松的重要形式。

　　但我还是奉劝有这种爱好的朋友放弃半夜看杂志的习惯。这种习惯对睡眠非常不好。

　　前面讲过，入睡前几小时最好在灯光较暗的房间中放松自己，这样才能促进褪黑激素的分泌，让人睡得更快、更香甜。在高亮度的地方，则会抑制褪黑激素的分泌。

　　便利店的天花板上，一般都会安装很多荧光灯，把店里照得很亮。便利店内的灯光照度为 800 ~ 1800 勒克斯。而家庭中使用的荧光灯，照度一般在 100 ~ 200 勒克斯，最亮也只有 500 勒克斯。对比之下我们就能发现，便利店是非常明亮的。

　　便利店中使用荧光灯，这对褪黑激素的工作来说是雪上加霜。所以，深夜长时间待在便利店里的话，容易造成睡眠紊乱，甚至使人失眠。

● 促进褪黑激素分泌的方法（5）入睡前不要玩游戏，不要看手机或使用电脑 ●

　　下班回家之后到入睡之前这段时间的生活习惯，对睡眠质量至关重要。很多人紧张工作了一天，到家后都会通过玩电子游戏、看手机或玩电脑放松一下。

　　日本九州大学的樋口重和教授经过研究发现，夜间如果长时间面对着电脑屏幕，就会抑制褪黑激素的分泌，使体温难以下降，不容易自然产生睡意。他还说，要想顺利入睡，让体温降低是必须的。

　　夜间长时间看手机、电脑或者看大屏幕的电视，以及玩电子游戏，都是影响睡眠质量的不良生活习惯。

　　特别是电子游戏，有些游戏有激烈的战斗或格斗场景，玩起来让人兴奋不已。这样的游戏会促进人体内肾上腺素的分泌，让交感神经处于优先地位。而本来在夜间应该是副交感神经处于优先地位，才能使人顺利入睡。所以，晚上太兴奋肯定难以入睡。

　　很多软件工程师经常要彻夜加班，一整天都坐在电脑前工作。结果，最近软件工程师中患上睡眠规律紊乱症（白天困倦，晚上精神，即俗话说的黑白颠倒）的人越来越多。由此可见，晚上对着电脑，对睡眠的影响很大。

● 促进褪黑激素分泌的方法（6）白天增强血清素的活力 ●

合成血清素的必需氨基酸是色氨酸，而人体合成褪黑激素必需血清素。换句话说，血清素是合成褪黑激素的原材料。

早上，当人醒来的时候，随着身体和精神的活动，血清素的分泌也开始旺盛起来。特别是上午，血清素的分泌量最大。而到了傍晚，随着天色渐渐转暗，血清素就开始被合成为褪黑激素。

如果把血清素称为"白天的活动物质"，那么褪黑激素就是"夜间的睡眠休息物质"。两者在白天和黑夜之间交替工作。

前面我说过，抑郁症患者几乎都伴有睡眠障碍。而抑郁症患者体内的血清素分泌也不正常，基本上处于血清素枯竭的状态。

血清素枯竭，就没有原材料用于合成褪黑激素，所以自然会引发

褪黑激素的合成过程

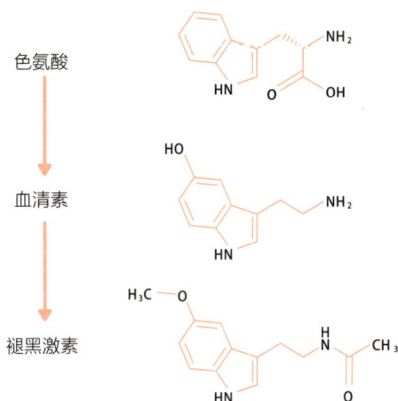

色氨酸

血清素

褪黑激素

睡眠障碍。抑郁症和睡眠障碍，是通过褪黑激素连接起来的两种精神疾患。

有些朋友听到这话可能会松一口气，心想"我又没得抑郁症，所以不会因为血清素分泌不足而无法合成褪黑激素，也就不会出现睡眠障碍"。其实不能就此放松警惕。没有患抑郁症的健康人也分两种，一种血清素分泌旺盛，另一种则因为种种原因血清素的活力并不高。

第四章中介绍过，提高血清素的活力可以激发人的兴致，并有转换心情的作用。进一步来说，血清素的分泌量充足，那制造褪黑激素就不会缺少原材料。高质量的睡眠离不开充足的褪黑激素。追根溯源，要想睡好觉，首先要在白天刺激血清素的分泌、提高血清素的活力。

第四章介绍的提高血清素活力的方法，您一定要每天实践，因为

褪黑激素与血清素在交替工作

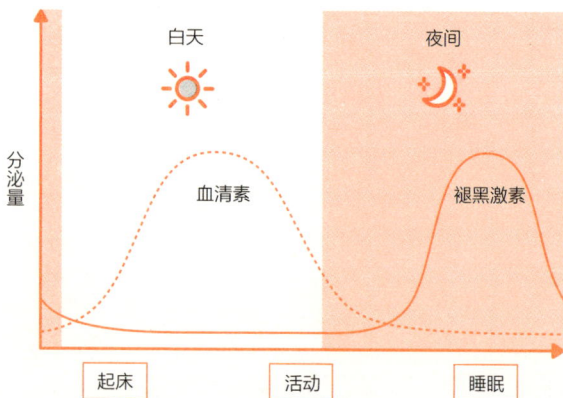

它对提高睡眠质量大有帮助。

● 促进褪黑激素分泌的方法（7）早上，请出门晒个日光浴 ●

"要想早起，只要早睡不就行了吗？"可能很多人都会这样想。但从生物学的角度来看，早睡和早起并没有直接的因果关系。平时总是很晚睡觉的人，突然有一天心血来潮早早躺下的话，也很难在短时间内睡着，肯定要经过一番辗转反侧，然后到了往常的睡觉时间，才能入睡。这样第二天也不可能早起。

起床后，出门沐浴一下早晨的阳光（或在高照度的灯光下待一会儿），人体内的时钟就会被重新调准。从这一刻起，大约 15 小时后，人体开始分泌褪黑激素，自然就会产生睡意。由此可见，晚上入睡的时间 = 褪黑激素开始分泌的时间。入睡时间不是从钻进被窝算起的，而且，钻进被窝也不一定就能马上睡着。其实，入睡时间是由早晨晒日光浴的时间决定的，晒日光浴后 15 小时，人自然就会产生困意，因为我们体内的时钟会按时发出指令，在这个时候分泌褪黑激素。

换言之，要想"早起"，最有效的办法就是"早起"。第一天努力让自己早早起床，然后出去晒个日光浴，让体内的时钟重新调准，接下来身体就会进入"早睡早起"的良性循环。

其实，前面我所说的人体内的时钟，就是生物钟。但不可思议的是，生物钟的周期并不是 24 小时，而是 25 小时。

每天早晨都晒一下日光浴的话，那么每天一到这个时候，我们体内的生物钟就会重新调准一次，所以即使它原本以 25 小时为周期，只要定时调准，就不会和一天 24 小时的周期发生冲突。但如果早晨不对生物钟进行重新调准的话，那每天 1 小时的"时差"就无法调整过来，且每天都会累积。那样的话，起床的时间就会越来越晚。

有些孩子因为早上起床困难而经常迟到，甚至干脆不去上学，再严重点的还会发展成闭门不出，常年把自己关在房间里。这类孩子体内的生物钟就无法在早晨进行重新调准，从而进入恶性循环，早晨总是起不来，搞不好发展成昼夜颠倒的生活。

即使早上很早起床，但如果只待在房间里看电视、看报纸，对于调准生物钟也没什么意义。因为调准生物钟时，需要高照度的光。

晴天的室外，光的照度可以达到 10000 勒克斯，室内的照度则在 1000 勒克斯以下，照度是室外的十分之一。不用说您也能发现，到室外去晒太阳才能更好地调准体内的生物钟。

所以，早晨起床之后，不要留在房间里，快到外面去晒太阳吧。早晨晒太阳不仅可以调准生物钟，还能提高体内血清素的活性，是一举两得的好事。从提高血清素活性的角度考虑，早晨在阳光下散步 30 分钟以内是最理想的。

3. 褪黑激素还具有不可思议的修复效果

● "长寿不老的灵丹妙药"——褪黑激素 ●

褪黑激素不仅是"睡眠物质"，还是"细胞修复物质"。科学家通过研究发现，褪黑激素具有"抗老化作用"和"抗癌作用"。

说到褪黑激素的抗老化作用，是因为它具有很强的"抗氧化作用"。

使我们身体氧化的"元凶"是"活性氧"，褪黑激素具有处理活性氧的功能。从结果来说，就起到了抗老化的作用。

活性氧是造成动脉硬化的原因之一。动脉一旦硬化，就会增加患上心肌梗死、脑出血等心脑血管疾病的风险。所以，如果能把身体里的活性氧处理掉，就可以大大降低动脉硬化的概率，也就可以起到预防心肌梗死、脑出血等疾病的作用。

很多人都知道，维生素 E 是一种抗氧化作用非常强的物质。但您可能不知道，褪黑激素的抗氧化作用是维生素 E 的两倍！

"打造不会'生锈'的身体！"是养生保健界一句响亮的口号，

实际上，褪黑激素就可以有效阻止我们的身体"生锈"。只要在夜间让体内的褪黑激素正常分泌，我们生病的风险就会降低，从而起到抗衰老、保健康的作用。

另外，褪黑激素还拥有多种抗癌作用，比如抑制癌细胞增殖、抑制血管新生、修复 DNA 等。简单地说，褪黑激素是我们人体内一种重要的"恢复物质"。

当感到疲惫的时候，有些朋友会喝上一罐功能性饮料，以期恢复体力。喝完之后确实能感觉精神为之一振，似乎又有了体力。但实际上，功能性饮料中发挥作用的是咖啡因等兴奋物质。这些兴奋物质会强迫我们的大脑和身体兴奋起来，让人产生一种恢复体力的错觉，而实际上体力并没有得到真正恢复。长期靠功能性饮料提神醒脑，会造成身体的透支。

所以，与其喝功能性饮料，不如想办法让自己的身体分泌褪黑激素。因为褪黑激素是一种终极恢复物质，它让我们睡得快、睡得香，同时能帮我们打造一副不容易生病、永葆年轻的身体。如此神奇的褪黑激素，我们自己的身体就可以分泌，还喝什么功能性饮料呢？

但假如褪黑激素的工作不正常，身体的恢复能力很差，体力和精力又严重透支的话，就容易出现一种可怕的情况——过劳死。

实际上，所谓过劳死，并不是由于过度劳累而死。再疲劳，也不会使人突然出现心肌梗死或脑出血等急症。

过劳死的主要原因是心肌梗死、脑出血等心脑血管疾病。有学者通过大量数据分析发现，工作的量与难度，和心肌梗死、脑出血的发病率并没有直接的等比关系。这些疾病的发作倒是和睡眠时间的长短存在明显的联系。

一项调查的结果显示，每周工作 40 小时，不加班的人，平均每天的睡眠时间为 7.3 小时；每个月加班 80 小时（也就是平均每个工作日加班 3.5 小时）的人，平均每天只有 6 小时睡眠时间；而每个月加班 100 小时（平均每个工作日加班 4.5 小时）的人，平均每天的睡眠时间不过 5 小时。

工作太忙，加班时间太长，下班回家就很晚，这样一来当然无法保证足够的睡眠时间。结果，我们的身体无法在充足的睡眠中得到休息和修复，患上心脑血管疾病的风险也就提高了不少。

也有研究数据表明，上夜班和癌症发病率也存在一定的联系。每月上三次以上夜班，持续工作 30 年的女性，乳腺癌的发病率是不上夜班的人的 1.5 倍。每月上三次以上夜班，持续工作 15 年的人，大肠癌的发病率是不上夜班的人的 1.4 倍。

即使工作再忙，工作量再大，只要能保证充足的睡眠时间，并能高质量地睡眠，第二天人就可以复苏，生龙活虎地投入到工作中去，身体和精神都能保持健康的状态。

由此可见，"充足而高质量的睡眠"是保证身心健康不可缺少的条件。让我们一起促进褪黑激素的分泌，享受夜晚的睡眠吧。

● "不老的身体"应该是由内而外的 ●

听到我说"褪黑激素是健康长寿、返老还童的灵丹妙药",可能有朋友就开始琢磨了,心想:"那我吃点含有褪黑激素的药物、营养剂不就能健康长寿、返老还童了吗?"

其实关于这个问题,我已经反复谈过多次了,只靠药物、营养剂等的外部补充,是不可能将缺乏的脑内物质补足的。

在日本,褪黑激素是被规定为药品的,私人是严禁制造、销售、进口褪黑激素的。但美国对褪黑激素的限制比较宽松,褪黑激素没有被限定为药物,超市里都可以轻易买到含有褪黑激素的营养剂。

褪黑激素对睡眠和免疫功能具有极其重要的作用,这一点已经得到了科学的证明,而且相关的基础数据也非常多。但到目前为止,还没有多少可靠数据表明,服用含有褪黑激素的营养剂可以得到同样的效果。

实际上即使在美国,FDA(食品药品监督管理局)并没有认可褪黑激素作为营养剂对人体具有多大的积极效果。而且,长期服用含有褪黑激素的营养剂,会不会存在安全隐患,有没有副作用,目前也没有相关的数据。

有人说,"褪黑激素营养剂对'倒时差'很有效"。这确实有可能,因为在短时期内修正人体的生物钟,褪黑激素还是有效的。但褪黑激素对失眠症的治疗效果,相关数据还不多。从另外一个角度说,如果褪黑激素对治疗失眠确实有效的话,那应该把它列入治疗睡眠障碍的药物行列。但现在，褪黑激素还没有出现在治疗睡眠障碍的处方中。

脑内物质的不足，不能通过营养剂、补药等外部方式进行补充，应该想办法促进自身的分泌。与吃营养剂、补药相比，改掉不良的生活习惯，为脑内物质创造一个易于分泌的良好环境，才是更为重要的，也是更加有效的。

而且，睡眠并不是完全由褪黑激素一种激素决定的。决定人睡眠质量的是一个错综复杂的系统。比如，具有镇静作用的 GABA 神经也和睡眠有关。除了褪黑激素以外，其他各种激素以及与睡眠有关的物质的浓度，在白天和夜间会发生变动，这叫作体液调节。体液调节对睡眠也有重要影响。另外，交感神经和副交感神经的平衡同样会对睡眠有所影响。

只靠服用营养剂从外界获得褪黑激素补给的话，不可能改变人体内影响睡眠的全部要素，自然也不会对睡眠产生什么积极的作用。总而言之，最重要的还是养成良好的生活习惯，让身体由内而外发生变化，打造一个"睡得快、睡得香"的体质，这样才能通过睡眠消除身心的疲劳，修复身体的损伤。也只有这样，才能为明天养精蓄锐，为工作加油助力！

● 与睡眠时间相比，醒来时的"舒畅感"更重要 ●

睡觉嘛，难道不是睡得越多越好吗？其实并不是。那有朋友可能要问了："到底每天睡几小时合适呢？"我的患者，还有身边的朋友，也经常问我这个问题。

有人对日本人的平均睡眠时间进行过调查和统计。在工作日，日本人平均每天的睡眠时间为 7 小时 26 分钟；周六的平均睡眠时间为 7 小时 41 分钟；周日的平均睡眠时间为 8 小时 13 分钟。而睡眠时间和人的寿命也有一定的关系，每天的睡眠时间在 7 小时以上 8 小时以内的人，平均寿命最长。由此可见，并不是睡得越多寿命就越长。睡眠时间太短或太长，都会影响寿命。

另外，睡眠时间与抑郁症的相关性调查结果显示，平均每天睡眠时间为 7 个多小时的人，最不容易患上抑郁症。

从上述数据我们可以看出，平均每天 7 ～ 8 小时，是最为健康的睡眠长度。

但是每个人的体质不同，个体差异比较大，所以对于睡眠时间不可一概而论。有人每天只睡 6 小时，看到我列举的上述数据之后，未免会担心地说："哎呀，看来我睡眠不足啊！要影响寿命了。"其实不用如此紧张，原因请您往下看。

每天早晨醒来时，如果您感到"睡得真舒服啊"，那就说明无论是睡眠的时间还是睡眠的质量都很不错。也许您睡不够 7 小时，但早上起床依然觉得很舒畅，那就没必要担心，说明您的睡眠是理想的。

也就是说，与睡眠的长度相比，睡眠的深度、质量更为重要。

也有人经常说："我每天都睡得饱，所以肯定活得久。"这里所说的"睡得饱"大部分时候是指"睡眠时间充足"。但睡眠的质量又如何呢？

如果早晨起床时感觉头昏昏沉沉，腰酸背痛，那睡的时间即使再长，也没有达到休息的效果。这种睡眠的质量是不理想的。

睡眠的好坏主要由两个因素决定，一是量（时间），二是质（睡眠深度）。如果两方面都很理想的话，那第二天起床时，人应该感觉浑身舒畅，头一天的疲劳感也一扫而光。长时间的睡眠还不能消除疲劳的话，那肯定是睡眠的质量出了问题。

所以，我们不能只看重睡眠的时间，还要想办法提高睡眠的质量。早晨起床时的感觉，就是睡眠质量的一个重要衡量标准。起床时头脑清醒，身体轻松，那就是睡眠质量高的表现。

如果您觉得自己的睡眠质量不高，那就要从生活习惯上想办法了。首先审视一下自己当前的生活，是不是有不利于睡眠的习惯。改掉这些不好的习惯，睡眠一定能成为帮您消除疲劳、修复身体、延年益寿的好帮手。

第五章

—— 总　结 ——

- 睡眠物质——褪黑激素开始分泌后，人就会产生困意。

- 褪黑激素是消除疲劳、使人进入熟睡状态不可缺少的脑内物质。

- 睡眠障碍可能是各种身心疾病的前兆。

- 促进褪黑激素的分泌有以下"七个方法"：1.在完全黑暗的卧室中睡觉；2.入睡前先在微暗的房间中放松一下；3.入睡前不要使用荧光灯；4.深夜不要站在便利店里看杂志；5.入睡前不要玩游戏，不要看手机或使用电脑；6.白天增强血清素的活力；7.早上，请出门晒个日光浴。

- 每天高质量睡眠 7 ~ 8 小时就足够了。

第六章

乙酰胆碱工作术

提高"认知能力"、促使"灵感闪现"的方法

1. "姑且先做起来再说"的决心可以催生"干劲"

● 没有干劲的话，那就先行动起来吧！ ●

看着乱糟糟的房间，我们虽然有心打扫，却一直鼓不起干劲，拖着不想动。但如果咬咬牙先行动起来，从扫地开始做，做着做着就会发现大扫除其实也没那么麻烦，而且还挺有趣，最后竟然忘我地干个不停。相信很多朋友都有过类似的经历吧。

开始行动之后，干劲会逐渐涌现出来，越干越想干。著名心理学家克雷珀林把这种现象称为"工作兴奋"。假如我们大脑中有一个"干劲开关"的话，那这个时候，开关处于开启的状态。

当缺乏干劲的时候，很多人选择等待，心想等到干劲来了再开始行动，但这种想法是错误的，干劲不是等来的。"越是没有干劲，越应该先行动起来"，从脑科学的角度来讲，这才是激发干劲的正确方法。

我们的大脑中有一个名叫侧坐核的部位。侧坐核位于大脑的中央，只有苹果种子那么大，呈左右对称分布。侧坐核的神经细胞活跃起来的话，人就会干劲十足。

　　但是，侧坐核的神经细胞只有在受到一定程度的"刺激"之后才会开始活动。如果我们因为没有干劲等待的话，那不管等到什么时候，侧坐核也不会受到刺激，也不可能产生干劲。

　　即使没有干劲，也要"强迫"自己开始行动起来，这样一来，侧坐核的神经细胞就会受到刺激。侧坐核兴奋起来后，便会分泌"乙酰胆碱"，干劲就会不断涌现出来。所以，越是没有干劲的时候，越应该下定决心，"先行动起来再说"！

　　乙酰胆碱是"副交感神经"的节前、节后纤维（副交感神经的兴奋），"交感神经"的节前纤维（交感神经的抑制），以及运动神

〜〜〜〜〜〜〜 乙酰胆碱的主要机能 〜〜〜〜〜〜〜

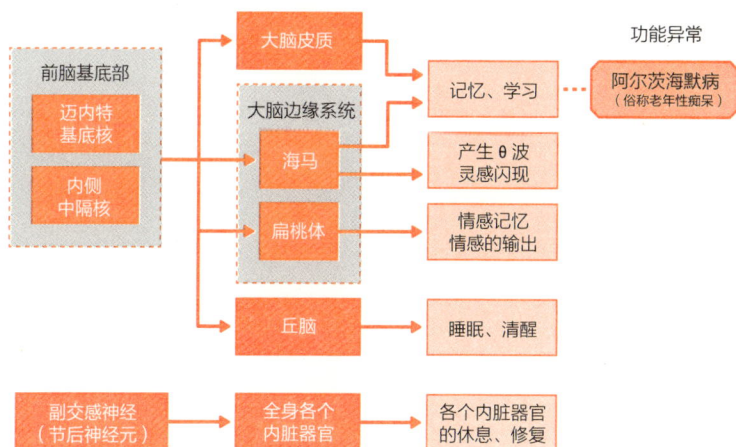

注：主要的路线简化展示

经的神经递质。

交感神经"加速"的时候，副交感神经就会"刹车"。在第三章中我讲过，当交感神经兴奋的时候，我们身体就会分泌肾上腺素。如果把肾上腺素比喻成汽车的油门踏板，那么乙酰胆碱就是刹车踏板。

除此之外，乙酰胆碱还会从前脑基底部（迈内特基底核、内侧中隔核等）投射到大脑皮质、大脑边缘系统、丘脑等部位，担负着认知功能（思考、记忆、学习、注意力、集中力）、清醒与睡眠（特别是快速眼球运动睡眠）、产生 θ 波、情感记忆等重要功能。对工作来说，乙酰胆碱也是一种重要的脑内物质，它与我们的认知功能、灵感闪现、工作效率、创造力、想象力等都有深刻的联系。

如果学会控制乙酰胆碱，就可以高效率地开展工作，还能迸发出崭新的创意，真是如有神助。

●仅仅 30 分钟的"午睡"，也能让头脑恢复元气●

20 年前，我曾经在综合医院工作，那是一段异常忙碌的日子。我在的那个科室，一上午就要接诊 50～60 位患者。如此高强度的工作，到了中午的时候，我的身体和大脑已经疲惫不堪了。

午休的时候我先吃午饭，然后会小睡 30 分钟。醒来之后，身心的疲劳神奇般地消失了，又能以饱满的精神投入下午的诊疗工作。

有午睡习惯的人可能都体验过午睡对身体和大脑的超强恢复作用。

实际上，很多脑科学研究也证实了午睡对提高大脑机能的功用，因此很多科学家建议大家中午都应该小睡一会儿。

NASA（美国国家航空航天局）的科学家麦克·罗兹卡因德曾经在对宇航员午睡的研究中取得显著的研究成果。他曾说："员工只需26分钟的午睡，就可以将工作能力提高34%，还有比这更了不起的经营策略吗？"

仅仅30分钟左右的午睡，就可以使大脑的机能提高30%以上！午睡真是一个了不起的好习惯！

以日本人为对象的一项调查研究显示，每天午睡30分钟的人与没有午睡习惯的人相比，患上阿尔茨海默病的概率是后者的五分之一。阿尔茨海默病患者的乙酰胆碱系统的功能非常低下，这一点将在后面详细讲解。可见，阿尔茨海默病与乙酰胆碱存在着深刻的联系。

跟睡眠有关的脑内物质，在第五章中我们讲了褪黑激素，实际上，乙酰胆碱对睡眠也有很大影响。人在睡眠中（特别是快速眼球运动睡眠状态），乙酰胆碱分泌旺盛，以促进大脑和身体的休息。

所以，当您因为高强度的工作疲惫不堪，感到困倦的时候，如果通过喝咖啡或功能性饮料强制性克服睡意继续工作的话，不仅难以高效推进工作，还会对身体和大脑造成一定的伤害。这个时候，不如先放下手头的工作，小睡30分钟，然后再继续工作。睡醒之后，大脑的机能会得到极大程度的恢复，工作的质与量也会随之提高。

虽说午睡是个好习惯，但也不能睡太久。如果午睡超过60分钟，那么阿尔茨海默病的发病率反而会提高2.6倍。因为白天睡得太多，会影响晚上的睡眠，扰乱睡眠节奏。

●带来好创意的"θ波"●

人在精神放松的状态下，大脑会发出一种名叫"α波"的脑电波。

脑电波有很多种，除了α波之外，还有θ波等。α波的频率在9~12赫兹，而θ波的频率在4~7赫兹。也就是说，θ波比α波稍微缓慢一些。人在昏昏欲睡的时候、深度冥想的时候、打盹的时候，大脑就会发出θ波。

θ波和乙酰胆碱的关系很紧密。乙酰胆碱能够刺激海马，使其发出θ波。

一般情况下，海马自身也会发出θ波，而如果乙酰胆碱的活力较强，可以进一步促进海马发出θ波，神经突触的连接也变得更加容易。

神经突触容易连接，记忆就容易固定在我们头脑中，且容易产生新奇的创意。这句话也可以换种说法：大脑发出θ波后，人的想象力、创造力提高，更容易想出新奇的创意。

它们的先后关系是这样的：分泌乙酰胆碱→海马发出θ波→记忆力、想象力提高。如果能够促进乙酰胆碱的分泌，就能刺激海马发出θ波，从而提高记忆力、想象力，想出高人一等的创意。

促进大脑发出θ波的方法，除了"午睡"之外，还有"激发自己的好奇心""出门走走""坐着活动手脚"等。

人若能始终怀有一颗好奇之心，不断尝试、挑战新鲜事物，头脑就能一直保持年轻，忘东西、忘人名、忘事情的现象就不会发生。因为好奇心可以刺激乙酰胆碱的分泌。

具体来讲，买新东西、去没去过的地方、研究自己感兴趣的事情、让生活充满刺激等，都可以促进乙酰胆碱的分泌，促使大脑发出 θ 波。

关于散步的好处，前面已经多次提到过。为了刺激大脑发出 θ 波，散步也不失为一种好方法。可以去陌生的地方散步，即使在熟悉的街道散步，只要改变一下视角，同样可以发现很多以前不曾留意的新鲜风景。

日本有一个关于"散步"的电视节目非常受欢迎。主持人会邀请一些演艺界明星、知名人士一起走访东京郊区的街道，一边散步一边聊天，同时探访当地的特色店铺，和偶遇的人交流……

这个节目的主要目的是为大家介绍一些有特色的街道，而主持人和嘉宾散步的形式，促进了乙酰胆碱的分泌。

前面说过，每到中午我就会外出用餐。这样做是为了提高血清素的活力，同时，也可以促进乙酰胆碱的分泌。

只要我听说附近有新的餐馆开张，我肯定会去"尝尝鲜"。在熟悉的老店里吃饭，我也会经常变换花样点菜。

只有一小时的午休时间，我也可以通过尝试新店、点新的菜，来激发自己的好奇心，从而促进乙酰胆碱的分泌。我外出吃午饭的时候，一定不会忘记随身携带小笔记本。因为在等待上菜或品味美食的时候，总会有一些新奇的点子出现在我的脑海中，我必须把它们立刻记录下来才行，不能让闪现的灵感付诸东流。

● 创意不产生于会议室，而是在现场诞生！ ●

我对一本书印象非常深刻，它的名字叫《瑞典式创意之书》（弗雷德里克·海伦著，钻石社出版）。这本书中提到，容易让人产生创意的场所有四个，分别是酒吧（Bar）、浴室（Bathroom）、公共汽车（Bus）、床（Bed）。这四个场所的英语单词的第一个字母都是 B，所以作者将它们合称为"创造性的 4B"。

创意这种东西，越是想得到它就越不容易得到。坐在办公桌前挖空心思冥思苦想，也往往想不到什么好的点子。倒是很放松的时候，或者发呆的时候，反而容易灵光闪现，头脑中迸发出天才般的好主意。"创造性的 4B"就是可以让人精神放松的地方。

在酒吧小酌的时候，酒精可以把我们带入一种飘飘欲仙的境地；在浴室里洗澡的时候，更是身心极其放松的时候；乘坐公交车的时间，往往也是发呆的时间，发呆就是思想放空，也是很放松的；躺在床上准备睡觉的时候，可以放下一天的疲惫，也是最舒服的时候。以上这四个场所容易使人的头脑中闪现出了不起的创意，其原因都是一样的，就是因为人的精神很放松。阿基米德就是在浴缸中泡澡的时候发现了阿基米德定律。

我在乘坐公交车或地铁的时候，要么望着窗外的高楼大厦发呆，要么观看车里张贴的广告，要么观察周围的乘客，脑海中经常会浮现出有趣的想法。有的时候，这些想法能为我的写作提供很好的素材或灵感。

我认为，"创造性的4B"也可以换成另外的说法——"θ波的4B"或者"乙酰胆碱的4B"。因为这四个场所都是容易产生θ波的地方，也是容易让人分泌乙酰胆碱的地方。

当有一份策划书需要在短期内完成的时候，很多人会坐在办公桌前绞尽脑汁想策划案，或者一个团队把自己关在会议室里不停地开会讨论，那种氛围像在罐头里一样令人窒息。从脑科学的角度来看，这样不仅难以想出好的创意，还会起到反作用，让人头脑麻木，运转迟钝。

要想产生崭新创意的灵感，向脑中"输入"大量信息是必要的。除了平时大量的知识积累之外，在制作新的策划案时，还需要大量地阅读相关资料，和同伴开会进行讨论。但这只是基础工作，您一定要记住，好创意不是在会议室中产生的。在远离会议室（工作环境）的地方，反而容易产生好的灵感。

有一部很受欢迎的电视剧叫《跳跃大搜查线》，里面有一句著名台词："案件不是发生在会议室里，而是在现场。"我模仿这句话创造了一句："创意不产生于会议室，而是在现场诞生！"

只要您时刻有"创造性的4B"的意识，那么想出新点子、好主意就会成为一件简单而且愉快的事情。

2. 不同时间段适合不同的工作

● 上午适合"理论性"强、需要"判断力"的工作 ●

早上起床之后的两三个小时是我们"大脑的黄金时间"。在这个时间段里，头脑最为活跃，思维最为敏锐。

那么该如何利用好大脑的黄金时间呢？这段时间用好了，可以使工作效率和工作量成倍提高。

以我为例，我写一本书，只需要1个月时间。听我这么说，肯定有人会吃惊不已。实际上，出版社的编辑、其他作者，都对我的写作速度颇感震惊，因为其他作者写一本书最快也需要3个月左右。

为什么我的写作速度是别人的3倍呢？其实原因很简单，就是因为我把上午大脑的黄金时间用到了极致。

大脑的黄金时间集中在早上起床后的两三个小时，在这个时间段我专心写作，可以完成一二十页稿纸的创作。一本书三四百页，所以我能在一个月内写出一本书。

如果晚上写作，那么在书桌前坐上两三个小时，我也难以写出 10 页稿纸的文字。这都是我亲身尝试过的。所以，我深切感受到上午大脑的黄金时间的重要性。

听我这么说，肯定有些朋友会反驳。

"我就是到了晚上头脑最清醒""深夜的时候我的注意力更集中，好创意一个个涌现出来"。这些朋友认为自己属于"夜间工作型"。

但是，关于上午更适于做理论性强的工作，可以用脑科学的原理加以解释。不过这并不等于说晚上就完全不能工作，晚上有适合晚上的工作，关于这一点下一小节详细讲。

因为睡了一夜，早上起床之后，前一天的记忆已经被整理好储存在大脑中。而且，经过充分的休息，上午，无论身体还是大脑，都处于最佳的状态。

再有，上午的时候，脑内物质血清素和多巴胺处于优势地位。人在这种状态下，适合做整体性、严密性、理论性强，对专注力要求高的工作。比如：

· 创作文章

· 翻译、学习外语等语言活动

· 高度复杂的计算

· 需要冷静做出的、理论性强的重要决断

上述这些类型的工作最适合放在上午的大脑的黄金时间。另外，需要整体把控的工作，如制作一天的工作清单、设定目标、计划立案等，都适合在上午做。

●下午和晚上适合需要"想象力""创造力"的工作●

经过一上午的工作，到了下午，人的头脑已经有些疲惫，再从事理论性强的工作，效率就会明显降下来。实际上，从下午开始到晚上，乙酰胆碱就开始发挥作用了。下午人容易感到困倦，正是乙酰胆碱活性提高的表现，此时大脑也进入了 θ 波容易产生的状态。

到了下午，虽然头脑感到疲惫，但同时也出现了另外一个机会。理论思考的束缚逐渐弱化，人容易产生创造性的灵感。

深夜是非常容易产生 θ 波的时段，此时容易获得灵感，产生崭新的创意，所以适合做一些创造性的工作。可以说乙酰胆碱是"创造力的源泉"。

所谓灵感的闪现，并不是有意识地将一个一个记忆连接起来创造出来的，在乙酰胆碱的作用下，大脑会随机地把单个的记忆联系起来，从而创造出意想不到的灵感。这需要一个"随意"的思维状态，若有意识地挖空心思想创意，反而得不到想要的。

创意性的工作，需要超脱常识、既成观念的束缚。如果被"必须……""不……就不行"的思维框架束缚，人就会陷入理论性思考，不可能生出新奇的、天才性的新想法。

夜晚甚至深夜，乙酰胆碱的分泌活跃起来，理论性的思维束缚就会变弱，所以适合从事创造性的工作。

我的妹妹是一位雕刻家，我问她一般什么时候创作作品，她回答说："晚上，甚至深夜。"她还说整个白天很难涌现出灵感。我还问了好几位艺术家朋友的创作时间，他们也大都在晚上搞创作，有的人甚至会通宵创作作品。

对需要创造力和想象力的艺术家来说，从脑科学的角度来看，也是夜晚更适合他们创作。而在现实中，艺术家也大多在晚上工作。

上午适合理论性强的工作，下午和晚上适合创造性的工作，了解了不同时段适合的工作之后，安排好工作，您的工作效率可以大幅提高，而且也容易做出骄人的成绩。我在工作实践中，就受益匪浅。至少我不会在晚上写作理论性强的书，这是事倍功半的蠢事。我上午创作理论性强的书，结果写作速度是一般作者的3倍。

下午到晚上的时间，我一般都用来做创意性的工作。比如，我会为写作找思路、搜集素材、酝酿新观点等。我看电影也是集中在这个时间段。

下午到晚上我也会动笔写作，但不会写理论性强的文章，主要写一些专栏散文，或者更新博客。在晚上写这类文章，反而能写出有趣的观点来。

或者，我会利用这个时间段与人见面，和人聊天。在与人交流的过程中容易受到启发，从别人的话语中得到灵感。

很多上班族朋友可能不像我这么自由，在公司做什么工作也不是自己能说了算。即便这样，接到工作任务之后，您也可以简单进行分类，把那些理论性强的工作安排在上午，下午则利用乙酰胆碱的活跃性从事创造性的工作。这样一来，您的工作效率一定会得到飞跃性的提高，不信您可以试试。

3. 睡眠的过程中也能闪现出了不起的灵感

● 睡眠时间，也是重要创意诞生的时间 ●

历史上很多重大发现都是在睡梦中诞生的。

比如，我们化学教科书最后都有的那个"元素周期表"就是其中之一。最先发现元素周期律的是俄国化学家门捷列夫。据说一天晚上，门捷列夫一个人一边玩着扑克牌，一边思考着宇宙中各种元素的关系。想着想着一股困意袭来，他就睡了过去。当他再次睁开眼睛的时候，忽然悟出了所有元素之间的体系关系。醒来之后，他马上就编写出了闻名世界的元素周期表。

再举一个例子，发现苯分子环状结构的是德国化学家凯库勒。

一天晚上，凯库勒在打瞌睡，梦见了一条咬住自己尾巴并不停旋转的蛇（衔尾蛇）。他像触电一样醒来，想到了苯分子也可能具有环状结构。

像上面两个例子一样，在睡梦中得到启发，从而获得历史性发现

苯环与衔尾蛇

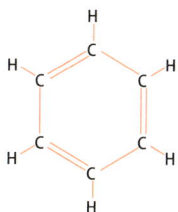

| 苯环 | 咬住自己尾巴的蛇 | 从衔尾蛇联想到
苯分子的环状结构 |

的人和事还有很多。也许您会想，"因为他们都是天才，所以才能在睡梦中得到启发"，我可不这么认为。

在睡梦中得到历史性大发现的线索，其实用脑科学的原理是可以解释的。

睡眠分为浅睡眠和深睡眠，浅睡眠也叫快速眼球运动睡眠，深睡眠叫非快速眼球运动睡眠。人在快速眼球运动睡眠状态会做梦。人在快速眼球运动睡眠状态时，脑电波中 θ 波占主导地位，换句话说，就是乙酰胆碱分泌旺盛并且活力强的状态。

在快速眼球运动睡眠状态，在各种脑内物质中，乙酰胆碱处于绝对优势地位，血清素、多巴胺等胺类物质的分泌量则处于最低水平。我们的梦之所以可以荒诞离奇、天马行空，就是因为胺类物质的理性束缚变得最弱，乙酰胆碱激发了头脑的想象力、创造力。

再进一步分析，灵感闪现还与记忆有关。

快速眼球运动睡眠占我们整个睡眠时间的 80% 左右，在这种浅睡眠状态下，大脑中有无数神经元链接在不停地改变模式，进行频繁的电信号交流。也许您会感到意外，没想到在睡觉的时候，大脑还会异常活跃。确实，虽然我们睡着了，似乎什么也不知道了，但大脑并没有完全休息，还有一部分正在忙碌地工作着。在快速眼球运动睡眠状态下，我们的大脑在对记忆进行整理。

早上刚到办公室的时候，您的办公桌上应该是整整齐齐的，但经过一天的工作后，办公桌上应该摆满了各类文件、文具，已经变得一团糟。工作完成准备下班的时候，我们才会再把办公桌收拾到早晨的状态。我们的大脑也是一样，在睡眠时间就会对白天的记忆进行整理。这个工作主要由乙酰胆碱来完成。在快速眼球运动睡眠状态下，乙酰胆碱是最为活跃的。

在乙酰胆碱分泌旺盛的状态下，记忆和记忆会发生连接，相关的记忆会被分类整理起来，这样才能使记忆在大脑中固定。所以，睡眠不充足的话，记忆就难以固定下来。那种所谓的"临时抱佛脚"，在考试前熬夜学习，是效果最差的学习方法。

在睡眠状态下大脑整理记忆的时候，会把那些关联性较弱的事情或记忆很好地联系起来。在我们清醒时看起来毫无关联的两件事情，在睡眠时，大脑就可能从它们之间巧妙地找到联系。这样的联系便是新灵感的来源，说不定就能让您有重大新发现呢。

综上所述，从脑科学的原理进行分析，历史上那些在睡梦中获得灵感而诞生的重大发现，其实并没有什么神奇的地方，都是我们大脑的正常机能而已。

● 获得天才般伟大灵感的方法 ●

我们大多数人都不是天才，而是普通人，但我们也想有了不起的新创意。我可以告诉大家，我们也可以像天才那样从睡梦中获得灵感。

所谓灵感闪现，并不是从无到有，凭空诞生出来的。简单地说，灵感的闪现就是信息在大脑内的相互连接，而这些信息必须事先存储于大脑之中。

因此，为了想出新奇的创意，需要往大脑中输入大量的信息。比如读很多书、接触很多人、经历很多事情、反复尝试体验失败……大脑中积累的信息越多，这些信息相互碰撞出"火花"（灵感）的概率也就越大。

门捷列夫和凯库勒在获得重大发现之前，都研究了相关领域的很多论文，把能够想到的各种可能性都用实验证明了一遍，经历了无数次的失败。就在山重水复疑无路的时候，突然柳暗花明又一村，大脑在睡梦中挣脱了既成理论的束缚，获得了超越常识和现有理论的崭新灵感。

您也要多读书，多往大脑中输入信息。有的时候，和人深入交谈、看电影、旅行，也能从不同的方向为您提供创意的灵感。

另外还有一点非常重要，当灵感出现的那一瞬间，一定要马上把它记录下来。

灵感，其实只不过是神经细胞发出的"火花"。打个简单的比方，就好像夜空中转瞬即逝的烟花。夜空中的烟花虽然非常漂亮，但只能存在几秒的时间，如果您没有及时按下照相机的快门，就无法记录下这美妙的瞬间。大脑中神经细胞的"火花"也是一样，很快就会消失。灵感不会在大脑中保留很久。

如果您睡觉的时候做了一个非常有意思的梦，刚醒来时会为这个梦感到快乐。但过一会儿您就发现，梦中的细节已经想不起来了。因为梦，也只是神经细胞迸发的"火花"。

但噩梦您可能会记好几天，这是因为噩梦与恐惧有关。做噩梦的时候，肾上腺素和去甲肾上腺素等记忆强化物质会分泌，所以噩梦记得比较久。但普通的梦和闪现的灵感，一般只能记几分钟。

这也是没有办法的事情，因为我们大脑的构造就是如此。如果所有事情都记住的话，那么大脑中储存的信息就要爆炸了。所以，不管是我们输入大脑的信息还是大脑闪现出的灵感，99% 会被遗忘。

因此，当您脑中闪现出好的灵感的时候，一定要及时把它记录下来。否则的话，多么了不起的创意，也很快会被忘记。所以我会随时、随身携带笔记本，一旦脑中出现好的点子，就立刻把它记录下来。希望您也养成这样的习惯。

4. 激发灵感闪现的生活习惯

● 要想提高乙酰胆碱的活力，首先应该戒烟！ ●

"吸烟可以让我头脑清醒，注意力提高。所以，吸烟对我的工作有很大帮助。"

我们经常能听到吸烟的人如此为自己辩解，但从医学的角度来看，他们说得完全没有道理。那只不过是他们不想戒烟而给自己找的借口，而且那个借口也不是事实。

乙酰胆碱有两种受体，分别是毒蕈碱型受体和烟碱型受体。受体可以和脑内物质结合，就像一个感受刺激的开关。而烟碱我想大家都知道，它又叫尼古丁，是香烟所含的主要成分。

吸烟的时候，烟碱被人从肺部吸入，仅需 7 秒就可以达到脑部，并与烟碱型受体结合。烟碱与烟碱型受体结合，和乙酰胆碱与烟碱型受体结合，会引起同样的反应。所以，吸烟有提神醒脑的感觉，让人以为吸烟对大脑有好处。

读到这里，您是不是误以为吸烟真的可以提神醒脑？您别着急，请继续往下读。吸烟的人，应该每天都会吸烟。而长此以往，脑内会发生很糟糕的变化。

长期通过吸烟摄取烟碱，乙酰胆碱的烟碱型受体持续受到烟碱的刺激，会使大脑产生一种错觉，认为乙酰胆碱已经很充足了，就不会再合成、分泌乙酰胆碱了。

而且吸烟的时间越久，脑内的这种情况就会越发恶化。结果，乙酰胆碱不足的状态反倒成了普通的状态。此时脑内已经不再合成、分泌乙酰胆碱了，取而代之，必须从外界获得烟碱的补给，也就是必须不停地吸烟。这就演化成了"香烟依存症"，也叫"尼古丁依存症"。

吸烟可以让烟民感觉"头脑清醒"，是因为香烟中的烟碱让他们从"乙酰胆碱不足的状态"到达了"乙酰胆碱充足的状态"，也就是不吸烟的人的"普通状态"。

烟碱在和乙酰胆碱的烟碱型受体结合之后30分钟威力就会减半，结果马上就会出现乙酰胆碱不足的状态，使人烦躁不安起来。

所以，有烟瘾的人每隔半小时或1小时就得吸上一支香烟，从外界补充烟碱来欺骗自己的大脑，让大脑误以为"现在乙酰胆碱很充足嘛"。这种状态能称之为健康吗？

在前几年，还有人认为吸烟可以降低阿尔茨海默病的发病率。但是现在，医学已经证实那种学说是错误的。大规模免疫学研究表明，"吸烟的人患阿尔茨海默病的概率是一般人的1.79倍"。

大家可能都知道吸烟对身体健康的危害，长期吸烟可以引发肺癌等各种严重疾病。其实，除了对身体的损害之外，吸烟对心理也有恶劣的影响。

吸烟会阻碍人体生成乙酰胆碱，引起不必要的烦躁感，是降低工作效率的一个重要原因。

● 乙酰胆碱与阿尔茨海默病 ●

前面为大家介绍过大规模医学研究已经证实了乙酰胆碱与阿尔茨海默病之间存在紧密的联系。

阿尔茨海默病是"认知障碍症"的一种，是β-淀粉样蛋白在脑内淤积，造成神经细胞死亡而引发的疾病。科学家发现，阿尔茨海默病患者的乙酰胆碱系统机能都比较低下。

阿尔茨海默病的症状中，"健忘"，也就是"记忆障碍"，是比较广为人知的。但除了健忘之外，还有各种认知障碍症状。认知障碍，顾名思义，就是各种认知机能出现了问题，比如记忆、学习、注意力、专注力、思考、空间视觉认知等。

在治疗阿尔茨海默病的药物中，有一种叫作多奈哌齐（Donepezil）。简单地讲，多奈哌齐是提高乙酰胆碱浓度的药物。临床实验证明，服用多奈哌齐后，阿尔茨海默病患者的认知机能会有明显的改善。从此也可以看出，人的认知机能和乙酰胆碱存在深刻的联系。

如果说服用多奈哌齐可以提高乙酰胆碱浓度的话，那么有人可能又会产生联想了：没有患阿尔茨海默病的正常人如果服用多奈哌齐的话，是不是也可以提高体内乙酰胆碱的浓度呢？非常遗憾的是，并不是这样的。

多奈哌齐只是阻止乙酰胆碱分解的药物，让体内乙酰胆碱的分解速度放缓，相对地就得到了提高乙酰胆碱浓度的效果。但这种药物并不能增加乙酰胆碱的合成与分泌，所以，没有患阿尔茨海默病的人服用多奈哌齐后，也不会出现明显的效果。只有疾病导致乙酰胆碱系统功能低下的人，服用多奈哌齐才有效果。

对没有患病的健康人来说，与其通过药物，不如改掉不良的生活习惯，用自然的方法促进脑内物质的合成与分泌。

对于预防阿尔茨海默病，最有效的生活习惯是"运动"。

芬兰研究人员曾经对1500人进行过一项调查，结果发现，每周运动两次以上的人，与不运动的人相比，患认知障碍症的概率要低50%。

还有研究结果显示，每周坚持进行两次有氧运动，每次20分钟以上，就可以将患上阿尔茨海默病的风险降低60%。还有很多学者通过研究证明，定期进行有氧运动，确实可以有效预防阿尔茨海默病。

实际上，即使被确诊为认知障碍症的患者，在数年内健忘的症状恶化得也比较缓慢。可是，一旦这些患者因为疾病卧床不起了，不能再进行散步等运动了，他们的健忘症状会迅速恶化。也就是说，人不能运动之后，认知障碍症的病情会急剧恶化。

进行散步等有氧运动，可以让脑内的"胆碱能神经"（末梢分泌乙酰胆碱作为神经递质的神经）活跃起来，从而提高大脑皮质和海马等处乙酰胆碱的浓度，并且增加这些部位的血流量。为了提高脑内胆碱能神经的活力，大脑皮质的毛细血管会扩张，增加血流量，这样就可以为神经细胞带来更多的氧和营养，以防止神经细胞死亡。

所以，老年人坚持轻度的有氧运动，对身心健康具有非常重要的意义。当然，年轻人也是一样，适度的运动对健康绝对有益无害。运动可以促进乙酰胆碱、多巴胺等脑内物质的分泌，提高大脑的活力。

我推荐的运动量是每周最少进行两次有氧运动，每次 45 ~ 60 分钟。如果一周能进行四次这样的运动就更好了。

●蛋黄和豆腐，可以帮我们获得新奇的创意？●

合成乙酰胆碱的原材料叫作磷脂酰胆碱，也叫卵磷脂。如果体内缺乏这种物质，就无法合成足够的乙酰胆碱。所以，为了确保身体能够合成足够的乙酰胆碱，并保证其活力旺盛，就需要通过饮食摄取足够的磷脂酰胆碱。

通过营养剂补充的脑营养，经常无法顺利到达脑部，从食物中摄取的磷脂酰胆碱却可以轻松地被输送到脑部。因此，补充营养不要总是寄希望于营养剂，而要向普通食物寻找答案。

要记住一点，摄入两倍的磷脂酰胆碱，我们的身体也不会合成两倍的乙酰胆碱。但如果摄入的磷脂酰胆碱不足，那就肯定无法合成足够的乙酰胆碱。所以，只要别让摄入的原材料不足就行了，没有必要过量。

富含磷脂酰胆碱的食物有蛋黄和大豆，谷类（特别是糙米）、动物肝脏、坚果等也含有磷脂酰胆碱。像鸡蛋、豆腐之类的东方传统饮食中常见的食材，完全可以满足我们对磷脂酰胆碱的需求量。

另外，磷脂酰胆碱还有一个非常独特的作用——乳化。通俗地讲，乳化作用就是使油溶解的作用。您可以做一个实验，在一碗漂着油花的汤中加入一些豆浆，搅拌一下您就会惊奇地发现，表面的油花不见了，都溶解到汤里了。这是因为以大豆为原料的豆浆中含有丰富的磷脂酰胆碱，是磷脂酰胆碱的乳化作用将油溶解了。

磷脂酰胆碱的乳化作用对我们身体也有好处，比如，它能溶解我们血管壁上附着的胆固醇，起到防止动脉硬化的作用；还可以分解肝脏的脂肪，预防脂肪肝。可以说磷脂酰胆碱是成年人预防各种生活习惯病的有效营养素，希望大家多通过食物摄取它。

只要每天吃东方传统食物，我们身体所需的营养素就基本上能得到满足。但是，现在有些年轻人倾向于吃西餐，或者非常挑食，这样不利于营养的均衡摄入。我们是东方人，应该吃更适合我们的东方传统饮食。

● 感冒药的恐怖副作用 ●

　　治疗阿尔茨海默病的药物多奈哌齐可以提高乙酰胆碱的浓度，但也有一些常见药物会起到相反的作用，比如感冒药、鼻炎药、止泻药等，因为它们含有苯海拉明等成分。这种成分有"抗胆碱作用"，会抑制乙酰胆碱的分泌和活力。

　　我想大部分朋友都吃过感冒药，吃完之后是不是感觉头昏昏沉沉，什么都不想做，只想睡觉？就是因为感冒药中的一些成分对乙酰胆碱起到了抑制作用。

　　"现在我的感冒症状还比较轻，赶快吃点感冒药把它镇压下去，不要让它严重。"

　　很多人在感冒之初都会这样想，因为感冒发展到严重的地步会极大地影响工作和生活。但是，吃了含有抑制乙酰胆碱成分的感冒药之后，我们大脑的机能也会受到极大的抑制，同样会影响工作和生活。

　　所以，在重大考试之前，或者有重要工作的时候感冒了，不建议服用感冒药。

　　要让感冒尽早痊愈，最重要的还是提高自身的免疫力，让身体自己战胜感冒病毒。所以，充分的休息、睡眠才是最有效的治疗方法。

　　服用感冒药可以引起人的认知机能（思考力、判断力、注意力等）下降，所以当然不能驾驶汽车，否则容易发生交通事故。

　　感冒药的说明书中一般都会写明在服用此药后不可开车或操作机器，就是因为感冒药中的一些成分会抑制乙酰胆碱的分泌，从而造成人的认知机能下降。

　　另外，感冒药还有减轻鼻塞、减少流鼻涕的成分。这种成分具有"抗组胺作用"，它的副作用是使人头脑发昏，容易犯困。所以，如果您感冒很严重，不得不吃感冒药，那么服药之后最好哪儿也别去，就躺在床上好好休息。

第六章
—— 总　结 ——

- 脑内物质乙酰胆碱与人的认知机能和灵感闪现有着深刻联系。

- 如果提不起干劲的话，不如先行动起来再说，让"工作兴奋"激起您的干劲。

- 午睡 26 分钟，可以让您的大脑机能提高 34%。

- "运动"是增强大脑活力最简单的方法。

- 大脑产生 θ 波，就容易闪现出奇妙的灵感。外出散步、午睡、坐着活动手脚、刺激好奇心等，都可以让大脑产生 θ 波。

- "创造性的 4B"可以帮您想出好的创意。

- 不同的时间段，适合不同性质的工作。上午适合做理论性强的工作，下午到晚上适合创意性的工作。

- 好的灵感来源于大量的信息积累，所以要不断向脑中输入知识等信息。而且，脑中闪现出好的灵感时，应该立刻把它记录下来。

- 长期吸烟的话，身体就不再自己合成乙酰胆碱了。

- 蛋黄和大豆中富含合成乙酰胆碱的原材料磷脂酰胆碱——也叫卵磷脂。

第七章

内啡肽工作术
把"脑内毒品"当作助手的终极工作术

Business skills using Endorphin

1. 在"极限状态"下获得力量

● 格斗运动员在比赛中为什么不会露出痛苦的表情？ ●

在拳击、散打等搏击比赛中，经常能见到运动员被对手打得鼻青脸肿的场面。有些格斗动作非常危险，让观众不禁为运动员捏把汗，真担心他们的骨头会被打断。可是尽管如此，我们也很难看到格斗运动员露出痛苦的表情，他们总是一脸坚毅地继续战斗。

可能有人认为，格斗运动员都要进行抗打击训练，精神上的忍耐力也很强大，所以拿一般的疼痛不当回事。这当然是原因之一，但并不全对。在格斗比赛中，运动员遭到的重创，都不是一般的疼痛所能比拟的。而且，对手还可能抓住机会不断攻击同一个创伤部位。

在第三章我曾讲过，人在兴奋状态下会分泌肾上腺素，肾上腺素就具有镇痛作用。但对于骨折所造成的疼痛，肾上腺素是"镇"不住的。那为什么原本难以忍受的疼痛，也不会让格斗运动员面露痛苦之色呢？这都得益于内啡肽的功效。

内啡肽是一种具有强力镇痛作用的脑内物质。我们都知道吗啡的镇痛作用已经非常强了，但内啡肽的镇痛作用竟为吗啡的 6.5 倍。吗啡是一种毒品，也是全世界使用量最大的强效镇痛剂。在临床上，对于缓解晚期癌症患者的疼痛，吗啡是一种常用药物。但我们脑内竟然能分泌比吗啡强大好几倍的镇痛剂。

内啡肽在我们脑内合成，在我们面对巨大精神压力的时候分泌，发挥镇痛作用，这叫作"压力镇痛"。

在受到压力刺激的时候，我们脑中的下垂体开始分泌内啡肽。内啡肽与分布于大脑皮质、丘脑、脊髓等处的"阿片受体"结合，除了镇痛作用之外，还有减少胃肠蠕动、缩瞳、产生幸福感、减缓脉搏、抑制神经递质等作用。

阿片受体也能和吗啡、海洛因等毒品结合。正因为有了阿片受体，人才能体会到毒品带来的"幸福感""恍惚感"，从而形成毒品上瘾。

我们大脑中怎么会存在这么危险的受体？肯定会有朋友感到不可思议。但实际上，这样想是把因果关系弄反了。

并不是为了与外来毒品结合，才会出现阿片受体，而是阿片受体本身就存在于我们的脑中，因为我们脑中本来就有类似毒品的物质存在，那便是内啡肽。

脑部分泌内啡肽的时候，就和使用吗啡药物有类似的效果，人会产生"幸福感""恍惚感"。正因为如此，人们也把内啡肽称作"脑内毒品"。

内啡肽的英语是 endorphin，前缀 endo 是内、内部的意思。吗啡的英语是 morphine。前缀 endo 加上 morphine 中的 rphin 就构成了 endorphin。从内啡肽的英语我们也可以看出，它是一种内部分泌的吗啡样物质，也就是"内因性吗啡"。

鸦片中所含的吗啡，和内啡肽有相似的结构，它可以和阿片受体结合，产生与内啡肽相似的作用。所以，吗啡，以及利用吗啡合成的海洛因，在临床上也被当作镇痛剂使用。

除了内啡肽之外，您是否听说过 β- 内啡肽？

其实内啡肽有三种，分别是 α- 内啡肽、β- 内啡肽和 γ- 内啡肽。其中，在我们自行消除痛苦的时候，β- 内啡肽分泌得最多。也就是说，β- 内啡肽是镇痛作用最强的一种内啡肽。

接下来就为您具体介绍内啡肽的作用。

● 卖火柴的小女孩为什么会产生"幸福的幻觉"？ ●

我想大家都读过安徒生的童话《卖火柴的小女孩》吧。我认为这个故事并不是单单写给孩子们看的，我总觉得安徒生是根据真实的事件改编的。在这里让我们重温一下这个悲伤的故事。

在圣诞夜这个欢乐的日子，一个小女孩却在寒冷的夜空下孤零零地卖着火柴。因为没有卖掉一根火柴，小女孩已经一天没有吃东西了。

夜深了，小女孩又冷又饿，为了取暖，她划燃了一根火柴。在温暖的火焰中，她看见了温暖的火炉和香喷喷的烤鹅；第一根火柴熄灭，她又划燃了第二根，结果她看见了挂着漂亮装饰品的圣诞树；划燃第三根火柴时，她看见了自己最爱的外婆。因为担心外婆随着火焰的熄灭而消失，小女孩慌忙划燃了所有火柴。外婆的身体被明亮的光包围着，她过来拥抱着小女孩一起升上了天堂。

第二天早上，人们发现一个小女孩怀抱着火柴灰烬蜷缩在角落里，她已经死去……

卖火柴的小女孩在冻死之前，产生了"幸福的幻觉"，被幸福感包围着升入了天堂。为什么小女孩最后会产生幸福的幻觉呢？

当然这只是一个童话故事，安徒生并没有回答这个问题。不过在我看来，这是内啡肽起作用的结果。

脑内毒品内啡肽具有使人清醒的作用，可以提高人的注意力。但是，这种作用太过强烈的话，反而会使人出现幻觉。

在面临非生即死的危急状态，也就是极度紧张的状态时，小女孩产生了幻觉，并给她带来了极大的幸福感，正是内啡肽发挥作用的结果。实际上，在极限状态下，人脑中确实会开始分泌内啡肽。

● 辛苦并幸福着的马拉松运动员们 ●

您听说过"跑步者的喜悦"（runner's high）这个说法吗？这也是一种在极限状态下产生的喜悦感。参加过马拉松比赛的人，大多体验过这种近似陶醉的状态。

马拉松可以说是一项非常艰苦的运动。但是，运动员在跑了很长的距离之后，在突破了一个非常痛苦的极限之后，会突然感觉身体变轻快了，同时变得神清气爽，越跑越快，而且还会感觉自己被强烈的幸福感包围。这就是所谓的"跑步者的喜悦"。

很多研究人员在说明内啡肽的功能时，常会举"跑步者的喜悦"这个例子。马拉松运动员在比赛中感到呼吸困难、腿脚无力，觉得再也跑不下去的时候，内啡肽会大量分泌，帮运动员减轻痛苦，还会让运动员充满强烈的幸福感。

我的朋友中就有一位马拉松爱好者，他每年都要去夏威夷参加著名的夏威夷马拉松比赛。他曾经跟我说："跑完第一次马拉松之后，我就上瘾了。完赛的那种充实感、成就感、满足感简直太棒啦！我无论如何都想再去跑。"

内啡肽是让长跑运动员产生"跑步者的喜悦"的根源，而内啡肽又是脑内毒品，所以，我们就不难理解为什么有人会对跑马拉松上瘾了。

很久以前研究人员就发现"跑步者的喜悦"与内啡肽有关。他们在长跑运动员跑步之后对其血液进行了检测，发现血液中的内啡肽浓度升高了。

但是，这些多分泌出来的内啡肽是否和脑内的阿片受体结合了，一直没有彻底查明。直到2008年，德国慕尼黑工业大学的一个研究小组使用放射性造影，第一次成功地用影像确定了内啡肽的存在。这有力地证明了人在长跑的过程中，内啡肽的分泌量会增加，而且还会和脑内的阿片受体结合。

2. 内啡肽还是一种"疗伤物质"

● 人在放松的状态下也会分泌内啡肽吗？ ●

读到这里，估计您对内啡肽这种脑内物质存在的理由已经大体有个了解了。

当人受伤、生病、长跑或者精神压力引起"疼痛"或"痛苦"的感觉时，内啡肽可以将其转化为"幸福感"，从而使我们的身体和心灵免受压力的摧残。也可以说，内啡肽就是一种"缓解精神压力的终极脑内物质"。

从内啡肽的生成过程，我们可以更加明确地看到它缓解精神压力的作用。β-内啡肽的前体物质是一种名叫"阿片-促黑素细胞皮质素原"（pro-opiomelanocortin，POMC，简称阿黑皮素原）的糖蛋白。

阿片-促黑素细胞皮质素原经过一个断片化的过程，能够制造出β-内啡肽、ACTH、β-促脂素等激素。

ACTH在第三章《肾上腺素工作术》中讲过，它会对肾上腺形成刺激，促进压力激素皮质醇的分泌。ACTH 也好，内啡肽也罢，都是受到压力的刺激而分泌，与压力进行战斗的"消除压力激素"。

只不过两者的作用稍微有所不同，ACTH 的主要作用是"消除身体的压力"，而内啡肽的主要作用是"消除精神的压力"。

另外前面讲过，当我们承受着过度的精神压力，也就是陷入极限状态时，脑内会分泌内啡肽。但实际上，在其他某些状态下我们的脑内也会分泌内啡肽，比如在放松的时候、心灵被治愈的时候。

内啡肽的主要功能

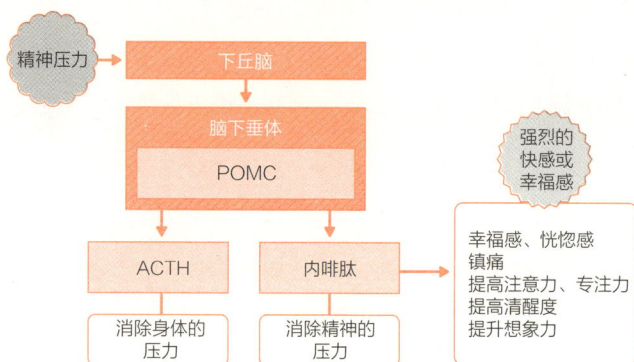

提到治愈心灵，我最先想到的是宠物给人带来的安慰。辛苦工作一天回家后，和爱犬、爱猫玩耍的时候，人会感觉疲惫的身心一下子被治愈了。有研究表明，养狗的人，在爱抚自己的爱犬时，人和狗双方血液中内啡肽的浓度都会升高。

当人的身心处于放松状态的时候，脑内容易发出 α 波。当大脑发出 α 波的时候，内啡肽也会分泌。不只在感受到压力的时候人脑会分泌内啡肽，放松的状态下内啡肽也会分泌。

您没想到吧，内啡肽还有精神疗伤的作用。当我们面对极大的精神压力时，脑内会分泌内啡肽帮我们缓解压力。反过来，当内心处于平静、放松的状态时，大脑也会分泌内啡肽。内啡肽虽然在两种完全相反的情况下都会分泌，但作用是一样的，有助于减轻压力，使人更加放松。

内啡肽可以给我们带来幸福感，让大脑休息，同时提高注意力、记忆力、想象力、创造力等大脑机能。

冥想或坐禅是修身养性的好方法，在这样的修炼过程中，脑内会发出纯净的 α 波。所谓冥想的状态，就是内心极度平静的状态，此时人的注意力非常集中，经常能想出非常好的创意。这也是内啡肽在起作用。由此可见，冥想状态就是通过内啡肽让人的心灵得到治愈，同时大脑机能得到极大提高的状态。

内啡肽不仅可以为心灵疗伤，还可以提高免疫力，让自身的修复能力更上一层楼。我们的体内有一种"自然杀伤细胞"（简称 NK 细胞），它们是机体重要的免疫细胞，与抗癌、抗病毒感染和免疫调节息息相关。内啡肽就可以提高自然杀伤细胞的活力，从这个角度说，内啡肽对预防癌症也贡献着自己的力量。

内啡肽真的很了不起，治愈心灵的同时还能保卫我们的身体。和褪黑激素类似，内啡肽是一种"终极治愈物质"。褪黑激素的治愈效果通过改善睡眠达到，而内啡肽通过缓解压力、使人放松来达到治愈的目的。

● 实践"内啡肽休息术"，促使大脑释放 α 波 ●

要想促进疗伤物质内啡肽的分泌，可以通过释放 α 波的方式来实现。那么，如何让我们的大脑发出 α 波呢？

在下面的一些情况下，大脑会释放 α 波。

· 听古典音乐的时候

· 听自己喜欢的音乐的时候

· 听潺潺流水声的时候

· 看大海、红叶等美景的时候

· 吃好吃的食物时

· 清风拂面的时候

· 闻到薰衣草等植物香气的时候

· 闭上眼睛安静放松的时候

· 集中注意力做一件事的时候

· 心情平静的时候

· 练习瑜伽、冥想、坐禅的时候

重要的是，要有一个"治愈时间"，这样大脑才更容易释放 α 波，进而促进内啡肽的分泌。

话说起来简单，做起来却没那么容易。下班回家之后，不少人以看电视或玩游戏等娱乐方式放松。我在第三章《肾上腺素工作术》中讲过，使交感神经处于优势地位的兴奋型娱乐不适合在睡前进行。

　　我建议大家把电视关掉，放上轻松的音乐，窝在沙发里和爱犬玩一会儿。这种放松的时间，才能真正帮您治愈心灵，修养身体。通过放松促进内啡肽分泌的方法，与其说是"内啡肽工作术"，倒不如说是"内啡肽休息术"，后者更加贴切。

3. "快感"刺激可以让多巴胺和内啡肽同时分泌

● 物理性"快感"刺激很重要 ●

当人面对巨大精神压力或者极其放松的时候，脑内会分泌内啡肽。另外，人在受到物理性"快感"刺激的时候，也会分泌内啡肽。

前面讲过的脑内物质中，多巴胺是在"快感"刺激下分泌的，而去甲肾上腺素是在精神压力等"不快"的刺激下分泌的。不过内啡肽与众不同，"快感"刺激和"不快"刺激都会让内啡肽分泌。

当人受到"快感"刺激的时候，多巴胺和内啡肽会同时分泌。两者同时分泌时，愉快、幸福感就会成倍增强，并且增强效果不是两者相加，而是相乘！假设多巴胺单独给人带来的幸福感是 1 倍的话，那么多巴胺和内啡肽同时分泌时，人的幸福感就是 10 ~ 20 倍。所以，我们也可以管内啡肽叫"快感增强剂"。

最好的例子就是性行为。性高潮可以说是人类所能体验的最强快感之一。性行为发生时，人脑会同时分泌多巴胺和内啡肽，所以那种快感是难以言喻的。

在控制多巴胺的神经系统中，有一种 GABA 神经，它对多巴胺起抑制作用，而内啡肽能够抑制 GABA 神经。能够抑制抑制多巴胺的神经，就可以释放多巴胺。这句话有点绕，但道理确实如此。就像"负负为正""否定之否定就是肯定"一样，抑制的抑制就等于促进。

物理性的快感刺激能刺激内啡肽的分泌，但这种方法和前面讲过的通过释放 α 波促进内啡肽的分泌不同。

● 物理性快感刺激促进内啡肽分泌的"六种方法" ●

（1）运动

在讲"跑步者的喜悦"时我讲过，人在长跑过程中大脑会分泌内啡肽。当然，除了长跑以外还有很多运动可以促进内啡肽的分泌，特别是中高强度的运动，越是让人感觉痛苦，需要咬牙坚持，越容易刺激内啡肽分泌。

有研究者在实验中观察到，人进行15分钟有氧运动（如蹬自行车）后，血液中的内啡肽浓度明显提高，同时还检测到，脑内 α 波的出现概率也提高了。这就是运动可以提高内啡肽活性的证据。

除了内啡肽之外，运动的时候，我们身体还会分泌多巴胺、血清素、生长激素等各种物质。很多研究数据已证明，适度的有氧运动对提高大脑机能、增强大脑活力有积极的作用。

（2）吃辛辣的食物

吃拉面的时候，如果加很多辣椒油，吃起来是种怎样的感受？辣得人汗流浃背、面红耳赤，甚至还会产生一种恍恍惚惚的感觉。

这就是内啡肽造成的恍惚感。

辣椒中含有一种名为"辣椒素"的成分。辣椒素就是辣味的来源，所以含辣椒素越多，辣椒就越辣。

人吃辣椒时，辣椒素与口腔黏膜细胞的受体结合，受体就会发出神经信号。这个信号传导到脑部，使脑神经受到刺激，便开始分泌内啡肽和去甲肾上腺素。也有一种学说认为，"辛辣"和"疼痛"只有一线之隔，辛辣刺激约等于疼痛刺激。为了缓解辛辣带来的"疼痛感"，我们脑内就会分泌内啡肽。

辣椒素的作用很多，比如，可以提高人体的新陈代谢，促进排汗，增加能量的消耗。摄入辣椒素之后，人体分泌的去甲肾上腺素使交感神经兴奋起来，心跳加速，血糖值、血压以及体温都会升高。另外，辣椒素还有分解脂肪的作用，所以它有助于减肥。

辣椒素可以促进内啡肽的分泌。所以，吃辣椒是一种非常简单的消除精神压力的方法。

（3）吃油腻的食物

我是札幌人，2007 年才移居到东京。来东京后，我发现这里的拉面都很油腻，这让一个饮食清淡的札幌人不太适应。

据说在以前，东京的拉面也以清淡的"中华荞麦面"为主流，近些年来才变得油腻。如今，东京的拉面店基本上只卖油腻的拉面，想找清淡的已经很难了。而且，越是油腻的拉面店，生意就越好。

为什么东京人这么喜欢油腻的拉面呢？对此，我有自己的分析，即"吃拉面 = 缓解精神压力"。

京都大学的研究小组曾做过一个有趣的实验。在小白鼠空腹的时候，给它们投放浓度为 5% 的玉米油作为食物，连续几天都只喂玉米油。结果发现，小白鼠的玉米油摄入量越来越大。到第 5 天的时候，摄入的玉米油量已经是一开始的两倍，而小白鼠体内 POMC 的含量也达到了以前的 1.7 倍。

再继续喂食玉米油 5 天的话，只要滴油嘴接近小白鼠，小白鼠体内 POMC 的含量就会升高为原来的 2.5 倍。也就是说，此时的小白鼠只要产生"可以喝油"的期待，POMC 的分泌就会变得旺盛起来。

研究人员还测定了小白鼠体内的内啡肽浓度。小白鼠在喝油之后，血液中的内啡肽浓度约是原来的 1.5 倍，而脑脊髓液中内啡肽的浓度约是原来的 1.8 倍。由此可以得出结论，摄入油脂较多的食物，可以促进内啡肽的分泌。

因为内啡肽有缓解精神压力的作用，所以压力很大的东京人，会无意识地选择油脂较多的食物。拉面价格便宜，而且随处都可以吃到，所以油腻的拉面在东京备受欢迎。

吃油腻的拉面来缓解压力，这不是坏事。但油脂含量高的食物热量也高，一碗油腻的拉面所含的热量可能会达到 1000 千卡以上，所以不要吃得太多、太频繁。

（4）吃巧克力

不少人喜欢吃巧克力，他们说吃了巧克力后，会被一种无与伦比的幸福感包围。确实，吃巧克力能够促进内啡肽的分泌。

有一项实验，给身体处于紧张状态的小白鼠投放含有巧克力成分的食物。小白鼠在吃了这种食物之后，血液中内啡肽的浓度明显提高，同时对压力的抵抗力也增强了。

有人在疲劳的时候，就会非常想吃巧克力。巧克力可以促进内啡肽的分泌，吃了巧克力后确实有消除疲劳、缓解压力的功效。

（5）泡热水澡

大家都知道泡澡是放松身心的好方法。不过，您是喜欢泡温水澡还是热水澡呢？

泡澡水很热的话，我们进入浴缸之后，会感觉皮肤被热水烫得有些刺痛。为了消除这种疼痛感，我们的大脑会分泌有镇痛作用的内啡肽。

　　泡热水澡刺激内啡肽的分泌，不失为一种消除精神压力的好方法。但是，太热的洗澡水会对心脏等循环系统的器官造成负担，所以一定要控制好水温，水要热，但不能太烫。

（6）针灸治疗

　　有些朋友可能接受过针灸治疗，针灸可以减轻疼痛、消除疲劳，这些效果已经得到证实。其中的原因就是针灸治疗可以促进内啡肽的分泌，从而起到镇痛、放松的效果。

　　一项医学实验表明，将银针扎入手上的合谷穴，再给银针通上低频电，接受实验的人血液中的内啡肽浓度与通电前相比升高了大约2.4倍。

　　针灸治疗起源于中国，中国对针灸镇痛的研究非常深入，甚至发明了"针灸麻醉法"。古时候，中国医生在为患者进行手术的时候，不用化学麻醉剂，取而代之的是针灸麻醉法。

　　前面介绍的六种通过物理性快感刺激促进内啡肽分泌的方法，既简单又实用，而且见效快，都是日常缓解压力的好方法。但使用这些方法要适度，否则可能带来不必要的副作用。

　　内啡肽的治愈效果有两种类型，一种是"放松带来的治愈效果"，另一种是"快感刺激带来的治愈效果"。如果您能掌握好两者的平衡，您的生活、工作一定会变得轻松无压力。

4. 内啡肽可以让您获得"终极专注力"

● 实现自己的理想状态！ ●

前面为大家介绍了通过放松身心和快感刺激促进内啡肽的分泌，从而使身体和大脑得到治愈，都是些简单易行但效果显著的方法。不过，前面讲的终归是"休息术"，怎么才能让内啡肽帮助我们更好地工作呢?

实际上，内啡肽只要能被善加利用，就可以为您的工作带来飞跃式的提升。接下来我就给大家讲"内啡肽工作术"。

适量分泌的内啡肽，给大脑带来的积极效果主要有以下四个。

（1）缓解精神压力

（2）增强记忆力

（3）提高想象力

（4）提高专注力

我在第三章《肾上腺素工作术》中讲过，肾上腺素具有增强记忆力的效果。人的情感受到刺激后，记忆更容易固定下来。

内啡肽同样具有增强记忆力的作用。脑内分泌内啡肽时，发生在我们自己身上的事情会被深刻记忆下来。当大脑大量分泌内啡肽的时候，我们不是正在经历"非常痛苦的体验"，就是正在经历"非常愉快的体验"。

当您回忆往昔的时候，想起来的不是"特别痛苦的经历"，就是"特别愉快的经历"。

因为极端痛苦或极端快乐的事情，更容易被我们深刻地记忆下来。

内啡肽可以促进神经元动作电位的传导，让神经元的连接更加容易，结果便增强了记忆力，同时还能提高专注力、想象力。

在工作中，我们如果能够有意识地促进自己脑内内啡肽的分泌，就可以提高记忆力、专注力、想象力，还能想出了不起的好点子。对商务人士来说，这简直是一种最为理想的工作状态！

● 进入未曾体验的世界——心流状态 ●

在研究内啡肽与工作之间的关系时，有一个词值得参考，那便是"心流"（flow）。"心流"是心理学家米哈里·契克森米哈赖提出的一个概念。

"心流状态"是指人全神贯注地投入一个活动，不受其他任何事情的影响。这个经历本身令人非常快乐，为了从事这个活动，人会花费大量的时间和精力。也可以说，心流状态是一种"精神绝对集中的状态"。

更通俗地讲，心流状态就是人注意力高度集中地做一件事情，并且非常享受这个过程的状态。在这个状态下，人的头脑异常清醒，自己能够掌控当前的状态和行动。

人处于心流状态时，还常会伴有"时间感觉的扭曲"，要么感觉时间过得飞快，要么感觉时间像停止了一样。很多体育运动员在创造了好成绩之后，说自己当时就处于这种状态。

读到这里，您可能已经有所察觉，感觉内啡肽分泌的状态和心流状态似乎很接近。实际上，有不少脑科学家和心理学家都推测两者之间可能存在一定的联系。

心流概念的创造者米哈里·契克森米哈赖曾提出，"跑步者的喜悦"就是"心流状态"的一种。他说，不仅是长跑，很多竞技体育项目中的运动员都曾在比赛中体验过类似"跑步者的喜悦"的快乐感，并把这种状态称为"心流"。

我在写书的过程中，就常会进入心流状态。

我在注意力高度集中的状态下写书的时候，好的创意会一个接一个浮现于脑海中，下笔如行云流水。在这种状态下，我能激发出自己平时不太可能显现的潜能。

进入这种状态之后，我会不知疲倦地奋笔疾书，几小时一转眼就过去了，一天之内写完50页的稿纸也不在话下。而且，在这个过程中，我会一直被一种极度快乐的感觉支配着。

　　这种时候，我总是快乐得不能自己，总想"再多写点，再多写点"，根本停不下笔来。这是一种强烈的快感。想必此刻我脑内正在大量分泌内啡肽。

● 快来体验"超乎寻常的潜能"吧！ ●

　　如果能让自己进入心流状态的话，那么处理日常工作的时候便能以破竹之势一气呵成。拿运动员来说，进入心流状态没准能创造自己的新纪录，发挥出高于实际水平的能力，即超水平发挥。

　　为了更容易进入心流状态，我们需要做一些准备。米哈里·契克森米哈赖列举了以下五个准备事项。

　　（1）设定整体目标，再设定可以逐个实现的小目标；

　　（2）朝目标努力，并找到能够测定自己进步的方法；

　　（3）对当下所做的事情，保持高度专注。对行动中所要面对的挑战对象进行细分；

　　（4）为迎接挑战提高自身相应的能力；

　　（5）当觉得一项挑战已经没有难度，甚至觉得无聊时，要适当调高挑战难度。

　　不过，米哈里·契克森米哈赖的这些建议应如何应用到日常工作中呢？他的表达有些抽象。下面，结合米哈里·契克森米哈赖的建议，再根据我自己的心流体验，为大家总结"日常工作中进入心流状态的准备工作"。

（1）设定长期目标和短期目标；

（2）把今天要做的事情梳理一下，落实在纸上，写一份"To Do 清单"（待办事项清单）；

（3）"To Do 清单"应该写得尽量详细；

（4）"To Do 清单"中每项工作都要写明限定时间或截止时间；

（5）完成一项工作，就把"To Do 清单"中相应的项目用笔涂掉，以便更好地把握进展情况；

（6）时刻不忘挑战精神；

（7）设定难易度适中的工作课题；

（8）平时注意磨炼必要的工作技巧。

上面这些项目是不是看起来很眼熟？没错，这七项和第一章《多巴胺工作术》中介绍的方法基本上一致。从脑内物质的原理上说，这也是理所当然的事情。因为脑内分泌多巴胺的时候，内啡肽也容易分泌。

那么，多巴胺工作术和利用内啡肽为心流状态做准备的方法有什么不同呢？

米哈里·契克森米哈赖认为，容易进入心流状态的职业有厨师、匠人、流水线工人等。

这些职业有一个共同的特征，那就是工作的流程是完全在掌握之中的。从事这些工作的人，根本不用考虑"接下来该做什么"，因为他们的工作流程是固定的，这项做完了，紧接着就该做那项了。长期从事上述职业的人，已经无意识中把工作流程变成了身体记忆，根本不用多想。

实际上，"接下来该做什么"这样的疑问，是专注力最大的障碍。注意力高度集中于某项工作的时候，脑海中浮现出"接下来该做什么"的疑问，就把刚才的专注力全部破坏了，我们不得不花时间调整状态，重新集中注意力。

所以，在工作中为了不让"接下来该做什么"的念头影响自己的专注力，应该事先把该做的工作、流程写下来，做成一份"To Do清单"，这样才能保证工作起来像大河流水一样顺畅。

在开始一天的工作前制作"To Do清单"，是商务人士顺利完成工作、让自己进入心流状态的必要条件。

5.“感恩”之心可以助您提升到更高的层面

● “感恩”是最强的成功法则 ●

大部分的自我启发书上，都会提到“成功者都不会忘记感恩之心”或者“拥有一颗感恩的心，才是成功的最高法则”。

斋藤一人先生曾说：“拥有幸福人生的人，都是懂得感恩的人。对于不好的遭遇，他们也会表示感谢。当然，遇到好事时，他们更会感谢了。”

我的人生经历告诉我感恩的重要性，我也是怀着感恩之心为人处世的。

那么，为什么心怀感恩的人才会成功呢？

其中的原因还和脑内物质有关，人在感恩的时候，脑内会分泌内啡肽。

人在感谢别人，以及被别人感谢的时候，会产生强烈的幸福感。

NIH（美国卫生及公共服务部）的研究小组利用核磁共振成像技

术研究发现，从事志愿者活动的人的大脑活动模式和那些为物质报酬而工作的人基本上相同。

从事志愿者活动的人与从不做志愿者的人相比，工作干劲、积极性、热情更高，成就感和幸福感也更强烈。而且，长期从事志愿者活动的人患心脏疾病的概率要低一些，平均寿命也长一些。为什么会这样呢？因为有研究表明，从事志愿者活动，可以促进内啡肽的分泌。

我从一个志愿者口里听过这样的话："从事志愿者活动让我非常开心。当人们对我的工作表达谢意的时候，我高兴的心情简直无法用语言来形容。在我从事志愿者活动之前，从没有体会过这样的快乐。"

另外，受到别人的感谢和受到别人的表扬一样，都是精神上的报酬，都会使人脑内分泌多巴胺。

感谢别人，被别人感谢，或者对别人有用，为别人奉献，在这样的瞬间，我们大脑中的扁桃体受到刺激，开始分泌多巴胺和内啡肽。由此可见，感谢别人，被别人感谢，可以使人越来越接近成功，也可以用科学的原理加以解释。

● 接受工作时的态度，对之后的工作效率有很大影响 ●

东京有一家生意火爆的居酒屋，除了酒菜口味好之外，他们的服务也堪称一流。我经常光顾那家居酒屋。每次点菜的时候，服务员都会精神饱满、热情洋溢地说一句：

"好的，很高兴为您服务！"

一开始，我还有点不适应，被服务员的热情态度吓到，但习惯之后就不会大惊小怪了，反而觉得他们的服务很周到。服务员愉快、热情的态度，让我也很高兴。

在接受工作的时候，表现出"愉快"的态度，是非常正确的做法。当上司或顾客把一项工作交代给我们时，如果我们能够心怀感激的同时愉快地接受，脑内就会开始分泌内啡肽和多巴胺。

前面讲过，内啡肽具有增强多巴胺效果的作用，两者同时分泌的话，可以大幅提高人的工作积极性，使人积极主动并且愉快地投入到工作中去。

在愉快的状态下工作，人的专注力强，工作效率也高，不仅可以在短时间内完成工作，还能保证工作的质量，取得好的工作业绩只是自然而然的结果。

但如果"心不甘情不愿"地接受工作，结果又会怎样呢？那样的话，大脑中会分泌去甲肾上腺素。

临时性分泌去甲肾上腺素的话，可以提高人的注意力。但如果每天都不开心地工作，长期分泌去甲肾上腺素的话，那么注意力就会越来越差，工作效率越来越低，工作起来也没有干劲，做同样的工作，就会比别人花更多的时间，质量也难以保证。

长此以往，人在工作上就会陷入恶性循环。而更可怕的是，脑内长期分泌去甲肾上腺素，还会使人有得抑郁症的危险。

　　所以，在接受工作的时候，我们应该保持愉快的态度。而且，对分配工作给我们的上司、让我们提供服务的顾客、向我们发出订单的客户、为我们提供帮助的同事，我们都应该心怀感激，并且把这份谢意向他们表达出来。

　　心情愉悦、不忘感恩地工作，人就会变得快乐起来，工作干起来也特别顺手。自己的这种情绪还会传染给周围的同事，从而增进彼此的感情，加深与同事之间的沟通，结果获得更多同事的协助。工作整体能顺利开展，人变得更加快乐，这样就进入了内啡肽与感恩的良性循环。

　　一开始接受工作的时候，态度是"愉快"还是"厌恶"，仅仅是这一点差别，就会使以后的工作产生巨大的差距。

　　如果您感觉"我不喜欢现在的工作""这个工作很无聊"，那么，请先停止抱怨，哪怕强迫自己，也要以"愉快"的心态来接受这份工作。即使不喜欢工作的内容，也至少要对分配工作给我们的上司、客户，以及协助我们工作的同事心怀感激。

　　不管怎样，心中要充满感恩，微笑着说："很高兴能参与这项工作。"发自内心的感谢之情，可以让我们脑内分泌多巴胺和内啡肽。这时，"不快乐的工作"也可能在"幸福物质"和"脑内毒品"的作用下，转变成"快乐的工作"。

●感谢失败能帮助您向成功加速前进 ●

在遭受失败打击的时候，有些朋友可能会陷入深深的沮丧，并不停自责："怎么又失败了！我太无能了！"但这样做只能刺激身体内压力激素的分泌，对我们没有任何好处。

失败之后，我们应该做的第一件事是"感谢失败"。"失败能让我学到很多经验教训"，能这样思考的人，离成功已经不远了，因为感谢的心情可以促进内啡肽的分泌。

内啡肽可以提高神经元的"可塑性"。所谓神经元的可塑性，是指神经元和神经元之间的连接变得更多样化、更加顺畅。神经元的可塑性提高了，神经信号的传导就更加通畅了，作为结果，我们的记忆力、学习效率也会随之提高。

脑中分泌内啡肽的时候所发生的事情，一般都会深刻地烙印在我们的脑海中。所以，如果我们怀着感恩的心面对失败，脑内会分泌内啡肽，从而将失败的经历深刻记忆下来，我们便能从中吸取教训，作为经验积累起来。另外，多巴胺和内啡肽的联合作用，可以让我们的大脑获得新的前进动力，以便朝着新的目标奋勇前进。

在遭遇失败打击的时候，我们没有时间消沉，应该抱着"失败是成功之母"的心态对失败的经历表示感谢。只有这样，才能提高下一次挑战成功的概率。

成功人士，大多数具有乐观的心态和积极的思维方式。我曾接触过很多成功人士，还真没发现其中有消极的人。

即使失败了，也不要怨天尤人，而是要感谢挫折，相信"失败是成功之母"，相信失败也是一笔财富。这样的人，才能最终取得成功。积极的思维方式，其实也可以换种叫法——内啡肽思维方式。

时刻不忘感恩之心，对失败也要心怀感激。如果能养成这种积极的思维习惯，那您的大脑中自然会分泌充足的内啡肽，然后您便会向成功高速前进！

第七章

───── 总　结 ─────

- 内啡肽又叫"脑内毒品"，脑内分泌内啡肽的时候，人能体验到强烈的幸福感，甚至是恍惚感。
- 脑内释放 α 波的时候，人处于一种放松的治愈状态，这个时候，内啡肽也会分泌。
- 脑内分泌内啡肽的时候，人的专注力、想象力和记忆力都会得到提高。
- 内啡肽是一种终极治愈物质。它可以帮我们消除精神压力、修复身体的损伤、提高免疫力。
- 促进内啡肽分泌的简单方法有：运动、吃辛辣食物、吃油腻的食物、吃巧克力、泡热水澡、针灸治疗。
- 设定整体目标，并将整体目标细分成若干小目标，制订"To Do 清单"，按照清单上的项目逐项完成。将工作流程具体化、明确化，有助于我们在工作中进入"心流状态"。
- 感谢别人、被别人感谢的时候，我们脑内便开始分泌内啡肽。
- 接受工作的时候，要以"愉快"的心情去面对。心不甘情不愿地做工作，脑内会分泌去甲肾上腺素；开心地工作，则会分泌多巴胺和内啡肽。
- 感谢失败的经历，这样才能使失败变成经验，为下次挑战做好准备。

后 记
After word

　　人类大脑的构造相当复杂，但用简单的方式研究它的运作，也不难理解。

　　人类的行为无非两种，一种是追求"快感"刺激，另一种是回避"不快"刺激。

　　当人受到快感刺激的时候，脑内会分泌多巴胺和内啡肽。这两种脑内物质可以大幅提高人的记忆力、想象力和学习能力，从而提高成功的概率。

　　反之，当人受到不快刺激的时候，则分泌去甲肾上腺素、肾上腺素。这两种脑内物质可以提高人的专注力、爆发力，使人如背水一战，发挥出超过自身能力的水平。但是，如果人体长期分泌这两种脑内物质的话，则会提高体内皮质醇的浓度，使人免疫力下降，身心失去平衡，容易患上各种身体和心理疾病。

　　另外，要想让各种脑内物质适量地、平衡地分泌，有规律的健康生活习惯必不可少。

　　从上午开始，血清素保证人能高效工作，白天肾上腺素助人火力全开，夜晚肾上腺素开关关闭，让人彻底放松，最后褪黑激素催人进入熟睡状态。工作的时候全身心投入，下班之后就忘掉工作，为身心充电。这样的工作、生活方式，才能为明天蓄积 100% 的能量。

　　这本书讲的就是借助各种脑内物质的力量，高效工作、轻松休息的方法。可能在读这本书之前，您有很多对身心健康不利的工作方式和生活习惯，那么，现在是时候对它们喊停了。

　　掌握了脑内物质的正确使用方法，再加以实践的话，您会发现自己的工作能力和效率会比以前提高好几倍。即使不像以前那样努力，脑内物质也可以帮您顺利完成工作。

　　读这本书的朋友，恐怕商务人士居多吧。商务人士肯定希望自己的工作能力再升一级，工作效率再提高一些。

　　但是，作为一名神经科医生，我并不希望大家为工作而忽略身心健康。我更愿意看见每一位朋友都健健康康、开开心心的。我希望每一位朋友在高效工作的同时，还能保持身体和心理的健康。这也是我编写这本书的初衷。

　　其实，只要顺应大脑的运作，合理安排工作和生活，您就可以一举两得，既在工作中乘风破浪，又在生活上潇洒惬意。而勉强自己工作，不仅效率低下，难出成绩，还会损害身心健康，这样是最得不偿失的。

　　读了这本书的朋友，您一定要把书中介绍的健康生活习惯和高效工作术应用到实践中。相信用不了多久，您就可以取得事业和生活的双丰收！

桦泽紫苑